LES SOUVENIRS

ET LES REGRETS

DU VIEIL AMATEUR DRAMATIQUE.

(par A. Vincent Arnault
de l'académie française).

d'après Barbier.

IMPRIMERIE DE TROUVÉ ET COMPAGNIE,
RUE NOTRE-DAME-DES-VICTOIRES, N° 16.

VOLTAIRE. LEKAIN.

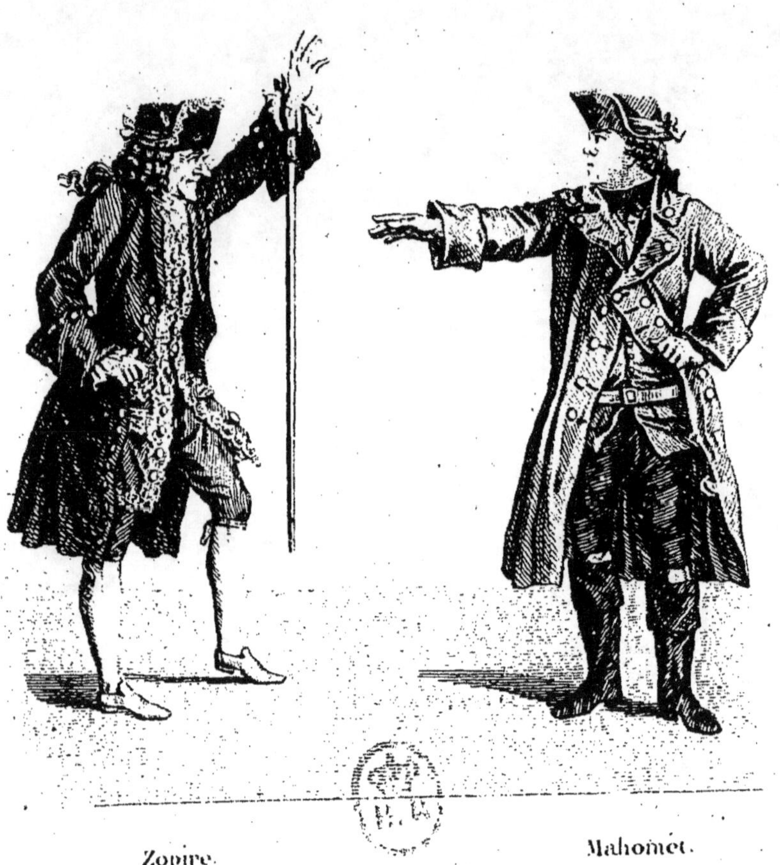

Zopire. Mahomet.

Z. Penses tu me tromper? M. Je n'en ai pas besoin.

Mahomet. Acte II. Scene 5.

LES SOUVENIRS

ET LES REGRETS

DU

VIEIL AMATEUR DRAMATIQUE,

OU

Lettres d'un Oncle à son Neveu

SUR L'ANCIEN THÉATRE FRANÇAIS,

DEPUIS

BELLECOUR, LEKAIN, BRIZARD, PRÉVILLE, ARMAND, AUGER, FEULIE, PAULIN, BELMONT, GRANDVAL;
MM^{es} DUMESNIL, CLAIRON, LES DEUX SAINVAL, PRÉVILLE, HUS, DOLIGNY, BELLECOUR, FANNIER,

JUSQU'A

MOLÉ, LARIVE, MONVEL, VANHOVE, FLEURY, DÉSESSART, DAZINCOUR, DUGAZON;
MM^{es} RAUCOURT, VESTRIS, CONTAT, OLLIVIER.

Ouvrage orné de gravures coloriées, représentant en pied, d'après les miniatures originales, faites d'après nature, de Foëch de Basle et de Whirsker, ces différens acteurs dans les rôles où ils ont excellé.

PARIS.

CHARLES FROMENT, LIBRAIRE,
QUAI DES AUGUSTINS, N° 37.

NEPVEU, LIBRAIRE, PASSAGE DES PANORAMAS, N° 26.

1829.

Avis de l'Editeur.

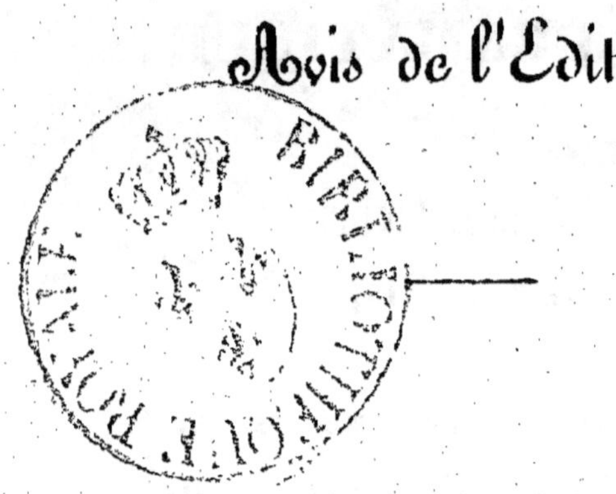

Ces lettres ne sont pas controuvées. Comment sont-elles tombées entre nos mains? — Qu'importe!

Ce qui importe, ce sont les jugemens qu'elles expriment. Pour ne pas être toujours d'accord avec ceux qui ont été publiés sur les mêmes sujets, s'ensuit-il qu'ils ne soient pas justes?

L'homme qui les émet avait acquis, à ce qu'il nous semble, par une longue pratique du théâtre, le droit de prononcer sur tout ce qui concerne l'art du comédien. Il est tant soit peu enthousiaste; mais parle-t-on bien des artistes, si l'on ne sent vivement les arts?

Il nous semble aussi que son admiration pour Lekain, Préville, Brizard, Clairon, Dumesnil, est suffisamment justifiée par les motifs qu'il en donne. Son seul tort est d'être exclusif dans cette admiration, d'incliner à croire qu'il n'y a qu'une manière de bien reproduire la nature, et que, cette manière une fois trouvée, il n'y a plus rien à faire qu'à imiter cette imitation. Cela n'est pas plus juste qu'il ne le serait de dire « la tête humaine ne peut être dessinée que sous un seul aspect, et la même passion ne peut être rendue sur la toile que par une seule expression. »

Il y avait eu de grands acteurs avant Lekain, il y en a eu de grands depuis; et qui peut dire que l'avenir ne réserve pas un successeur au plus célèbre des successeurs de ce grand comédien (1)?

L'auteur de ces lettres prend l'histoire du théâtre français vers 1760, et la conduit jus qu'en 1786. La lacune de cette dernière époque à celle où nous sommes est grande; mais tout nous porte à croire qu'elle a été remplie, et que ce que

(1) Talma.

l'oncle laissait à faire a été achevé par son neveu. Nous sommes à la recherche des lettres de celui-ci, résolus de les publier dès que nous les posséderons toutes.

Un mot sur Foëch et Whirsker, d'après les dessins desquels ont été gravées presque toutes les petites figures insérées dans ce recueil. Ce n'étaient pas des artistes d'un ordre supérieur : ils se bornaient à peindre des acteurs sur vélin ; mais ils y étaient fort habiles. Dessinés avec un esprit tout particulier, ces portraits reproduisent, non-seulement les traits, mais les habitudes de leurs modèles : ils ressemblent de la tête aux pieds. Comme ils sont fort estimés, et qu'ils sont fort rares, c'est déjà bien mériter des amateurs du théâtre que de leur en offrir la collection.

Un littérateur qui s'est occupé spécialement de théâtre pendant quarante ans, et qui même a composé plusieurs ouvrages dramatiques, et entre autres la moitié d'un vaudeville, a bien voulu nous aider dans l'exécution de cette édition, et l'*élucider* par des notes.

Notre intention était de la mettre sous la protection de son nom ; mais il s'y refuse, et ne veut pas même que ce nom soit indiqué par des initiales.

« L'auteur de l'ouvrage n'étant pas nommé, on me l'attribuerait, dit-il, comme on attribue à Choderlos de La Clos *les Liaisons dangereuses*, et cela, parce qu'il a laissé mettre en tête de ce roman, *publié par C. de L. C.*

» *Suum cuique.* Si les lettres du vieil amateur sont mauvaises, que cet anonyme en porte la responsabilité. Si elles sont bonnes, qu'il en ait l'honneur. Je ne veux ni me vêtir de la peau de l'âne, ni me parer des plumes du paon. »

Respectons cette délicatesse. Tous les éditeurs ne la portent pas si loin.

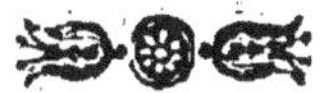

LETTRES
SUR
L'ANCIEN THÉATRE.

Première Lettre.

De ...., près la Ferté-sous-Jouarre, le 3 février 1821.

Vous me demandez, mon cher neveu, pourquoi je m'obstine à rester à la campagne? N'est-ce pas le séjour qui convient à un homme de soixante et treize ans? A mon âge, les bals masqués ou non, les promenades à pied ou à cheval, ne sont que des fatigues. Plus de plaisirs pour moi que les plaisirs de l'esprit. Leur attrait, qui pendant vingt-cinq ans m'avait retenu dans la capitale, peut-il m'y rappeler?

Quand j'y demeurais, Voltaire n'y demeurait plus, mais son esprit la remplissait encore ; mais elle était peuplée de ses élèves, de ses émules. Diderot, D'Alembert, Marmontel, Chamfort, La Harpe, le grand abbé Morellet, et le petit abbé de Voisenon, donnaient le ton dans les salons, et l'on avait l'espérance de rencontrer, dans la maison où l'on allait souper, l'homme qui, le matin, dans votre cabinet, ou le soir au théâtre, vous avait instruit, ou amusé, ou attendri par ses ouvrages, plaisirs qu'on retrouvait encore dans sa conversation.

L'amour de la poésie et de la philosophie occupait alors exclusivement toutes les têtes. Comme tout est changé! dénaturant tout, sous prétexte de tout régénérer, quelle triste révolution les génies du jour ont produite dans vos cercles ! N'ai-je pas eu l'occasion d'en juger l'hiver dernier, pendant le peu de temps que des affaires, qui ne m'occupaient pas toute la journée, m'ont forcé de passer à Paris? La politique fait-elle un moment trève à ses discussions, l'idéologie et le romantisme se disputent la parole : l'une s'en servant comme d'un scalpel pour tout réduire à l'état de squelette, l'autre comme d'un chalumeau pour enfler et colorer des gouttes de savon. Voilà ce qu'à mon dernier voyage j'ai rencontré dans vos réunions les plus brillantes, lorsqu'on n'y jouait pas l'écarté, qu'on n'y chantait pas la romance, ou qu'on n'y dansait pas le cotillon.

Aussi avec quel empressement suis-je retourné chez moi! J'ai là une bonne bibliothèque : les bons ouvrages, car il s'en fait encore, viennent m'y rejoindre; et je les lis avec quelques bons amis qui viennent m'y rejoindre aussi, et qui aiment comme moi la vieille littérature et les vieux vins, dont je ne suis pas dépourvu non plus.

Ma retraite, il est vrai, me prive des plaisirs du théâtre; et ceux-là sont si vifs! et je les aimais si passionnément! Mais est-ce moi qui les quitte? ne sont-ce pas eux qui m'ont quitté? Avons-nous un théâtre enfin?

Tranchons le mot, mon neveu, plus de théâtre français. En 1778, la tragédie avait été enterrée avec Lekain. Pour comble de malheur, la même année, la comédie expira dans la personne de Bellecour. Plus de plaisir pour moi aux pièces où ils avaient joué. En vain Brizard et Préville y conservaient-ils leurs rôles; en voyant auprès d'eux les successeurs de ces hommes qu'on ne saurait remplacer, je croyais voir des poteaux d'un bois grossier se dresser à côté de colonnes de marbre, pour étayer un temple en ruines.

En 1786, Brizard et Préville quittèrent le théâtre. Cette année-là, je me retirai dans la terre que j'habite, et d'où je suis rarement sorti depuis. Ma passion dominante m'y a suivi, et le temps ne l'a point affaiblie.

Fidèle à la maîtresse qu'il a perdue, un amant s'efforce d'en retrouver l'image dans son souvenir, et quelquefois il y parvient. Ainsi; toujours passionné pour le théâtre, je relis les pièces que je ne peux plus revoir; et comme la déclamation de nos grands acteurs retentit encore dans ma mémoire, comme j'ai retenu toutes les modulations de leur débit, et que je crois les entendre quand je lis les chefs-d'œuvre de nos grands maîtres, et même les voir dans le cabinet où je suis entouré de leurs portraits en pied; grâce à ces illusions, ce n'est pas une lecture que je fais, c'est à une représentation que j'assiste.

N'avez-vous pas vu ces portraits? Ils ne sont pas de dimension héroïque : à Lilliput même ils passeraient pour des miniatures. Gravés d'après des gouaches de la plus petite proportion, ils sont néanmoins de la plus singulière ressemblance.

Wirsker (1), auteur de ces gouaches, y a reproduit avec l'exactitude la plus spirituelle la physionomie, le maintien, le caractère de ses originaux, dans les rôles où ils ont excellé, et dans les situations où ils excitaient le plus d'enthousiasme. Mes gravures en sont une fidèle copie. Cette collection devrait se trouver chez tous les amateurs du théâtre: elle en complette l'histoire.

(1) Voyez l'avant-propos.

Comme j'en possède deux exemplaires, je veux vous en envoyer un; j'y joins une notice explicative de chaque estampe : notice courte, mais suffisante pour vous faire connaître la nature du talent de l'acteur qu'on voit représenté.

J'en suis certain, mon cher neveu, vous ne lirez pas ce petit travail sans intérêt. En le rédigeant, j'ai écrit, sans trop y songer, l'histoire des plus belles années de notre théâtre; ce sont aussi les plus belles années de ma vie. Ni les unes ni les autres ne reviendront! Adieu.

Le Vieil Amateur.

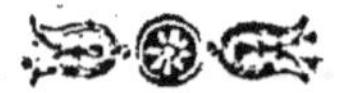

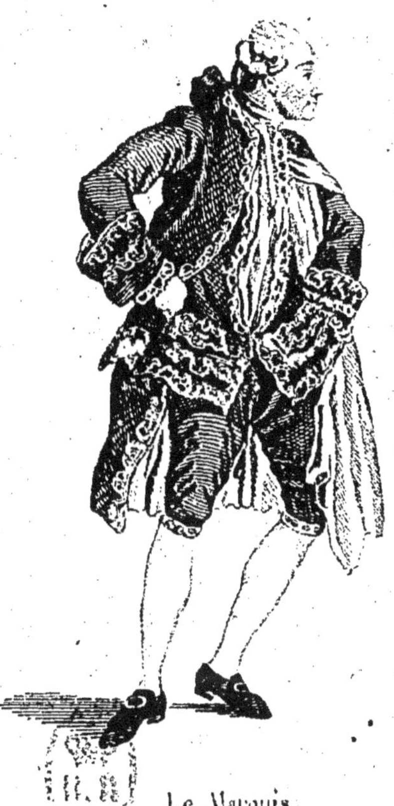

Le Marquis.

Que veut donc dire ce tintamarre là ? Vient on s'il vous plait faire tapage a la porte d'un honnête homme ?

Le Vasseur impr. [illegible] Scène 22.

Deuxième Lettre.

Bellecour (1).

La première gravure qui me tombe sous la main représente Bellecour. Grand et bel acteur vraiment!

Bellecour est son nom de guerre; il s'appelait Colson, nom de son père, qui, comme peintre, s'était fait quelque réputation. Ce brave homme, qui destinait son fils à sa profession, avait voulu avant tout qu'il fût instruit dans les lettres. Une bonne éducation est utile même à un peintre. Il était écrit cependant que le jeune Colson serait tout autre chose. Élevé par les oratoriens, il eut d'abord envie de se faire oratorien, comme tant d'écoliers, élevés par les jésuites, ont envie de se faire jésuite, tant qu'ils sont chez les jésuites. Inébranlable dans sa volonté, son père le plaça dans l'atelier de Carle Vanloo, premier peintre

(1) Né en 1726, à Paris, où il est mort en 1778.

du roi. Colson s'en échappa bientôt, non pas pour se faire moine, mais pour se faire comédien (1).

Cette fois, sa vocation était véritable. Changeant son nom contre celui de Bellecour, Colson s'en va offrir les prémices de ses talens au directeur de la troupe de Besançon. Il est admis à débuter. Il n'avait guère à lui qu'une belle figure et une taille élégante. Sa garde-robe se composait d'un habit de drap noir, veste pareille, et d'une culotte de velours noir, faite à la mesure de mademoiselle Clairon, et dont cette princesse s'était dépouillée en sa faveur. Ce bagage était mince; mais comme, dans ce temps-là, on jouait la tragédie et la comédie avec le même costume, il suffisait au débutant, bien qu'il prétendît jouer tous les genres. Les personnages fussent-ils grecs, romains, espagnols, turcs même, l'habit français suffisait à tout.

C'est dans cet équipage, auquel il faut ajouter une large bourse à cheveux qu'il tenait du comédien Grandval, que Bellecour se produisit dans le rôle de Nérestan, le seul qu'il sût. Quoiqu'il ne manquât

(1) L'oncle se trompe ici. Les oratoriens ne se liaient pas par des vœux, ils formaient une congrégation libre; ils n'étaient pas moines, quoi qu'on leur donnât le titre de révérends et même de très-révérends pères, comme aux pères jésuites.

pas alors de présomption, il se sentait atteint de quelque timidité à l'aspect du public. Un accident vint mettre le comble à son embarras. Large pour mademoiselle Clairon, la culotte était étroite pour lui; elle se déchire par l'effort que Nérestan, tombé aux pieds de Lusignan, fait pour se relever; et ce n'est qu'en la tenant à deux mains que ce chevalier parvient à regagner la coulisse, sans rien laisser voir au public, pas même son visage.

Sans se laisser décourager par les éclats de rire qui abrégèrent cette représentation, Bellecour fit rélargir sa culotte, et moins malencontreux à une seconde épreuve, il fut admis dans la troupe. Justifiant par des progrès les espérances qu'avaient données ses dispositions, il prit bientôt rang parmi les meilleurs acteurs de province. Il faisait, en 1750, les délices de Bordeaux, quand les gentilshommes de la Chambre lui envoyèrent l'ordre de venir débuter à la Comédie-Française, moins toutefois par un effet de leur bienveillance pour lui que par suite de leur malveillance pour Lekain, qui alors débutait aussi.

Bellecour s'essaya dans le rôle d'Achille. Il était alors mieux équipé. Aucun incident comique ne troubla son début dans la tragédie. Ce ne fut pourtant pas un triomphe. La comparaison avec Lekain écrasa Bellecour. Il ne parut pas bon à côté d'un acteur qu'on disait mauvais. Dans la comédie, il en fut autrement : quoiqu'il eût à lutter contre Grandval, Bellecour y fut accueilli avec faveur ; on reconnut qu'il pourrait remplacer cet habile acteur, et on le retint à Paris.

L'espérance des connaisseurs ne fut pas trompée. Le talent de Bellecour atteignit bientôt la perfection. Excellent dans les rôles qui exigent la noblesse et la simplicité, il imitait aussi avec un talent singulier les manières de ces jeunes courtisans en qui l'affectation semble être du naturel, et l'impertinence de la grâce. Personne mieux que lui ne représentait les grands seigneurs et les petits-maîtres, et aussi ces marquis du temps de la régence, qui, alliant au ton de la bonne société les habitudes de la mauvaise, étaient presque toujours *entre deux vins*. Bellecour, sous ce rapport, ne saurait être égalé dans le marquis de *Turcaret*, dans celui du *Retour imprévu* (1), dans le rôle du *Joueur* (2), et dans le comte Almaviva (3), quand, travesti, il se fait ivre pour mieux se déguiser, dans le *Procureur arbitre* (4).

Bellecour s'essaya quelquefois dans le pathétique ; il

(1) Voyez la gravure en regard de la page 7.

(2) Voyez la gravure en regard.

(3) Voyez la gravure en regard de la lettre où l'on parle de mademoiselle Doligny.

(4) Voyez la gravure à la lettre sur Armand.

PRÉVILLE. BELLECOUR.

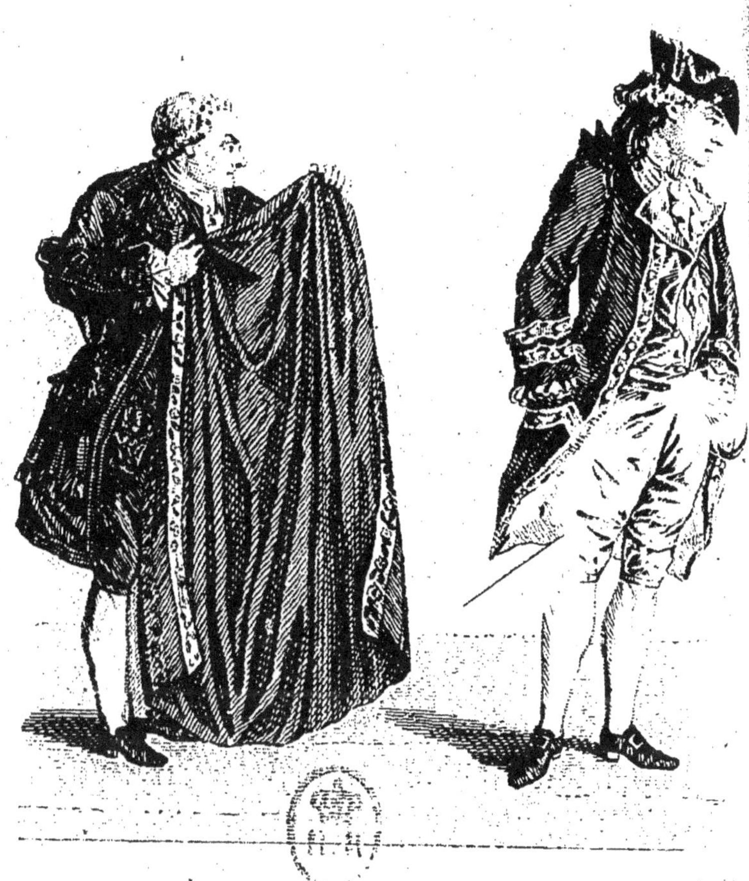

Hector. Valère.

H. *Le voici, ses malheurs sur son front sont écrit.*

Le Joueur *Acte IV, Scène 13.*

eut tort. La nature de ses moyens ne convenait pas aux rôles expansifs; ils se prêtaient mal à l'expression des sentimens violens : sa voix alors devenait criarde, ses paroles se heurtaient, ses gestes manquaient d'accord, son corps perdait l'aplomb; mais rentrait-il dans le caractère de son talent, il n'en paraissait que plus admirable. Et combien ne l'était-il pas dans le *Méchant*, dans le *Menteur* et dans le *Métromane*, où il avait si souvent l'occasion de montrer toute la finesse de son esprit!

La nature avait beaucoup fait pour Bellecour : il réunissait à une taille avantageuse une figure des plus distinguée, et une mémoire prodigieuse à une rare intelligence. Sa voix était douce et sonore, sa prononciation nette, quoiqu'il grasseyât quelque peu, défaut qui tournait quelquefois à son avantage, non pas pourtant dans la tragédie. Celle des expressions qu'il imitait avec le plus de vérité, c'était le rire. Son rire était si vrai, qu'il se communiquait à tous les spectateurs. Il n'était figure si triste qu'il ne forçât à rire dès qu'il riait, talent qui semblait attaché à son nom, car c'était aussi celui de sa femme.

A cela ne se bornaient pas les qualités de Bellecour. Très-différent de ces routiniers qui notent un rôle dans leur mémoire, et récitent toujours le même passage de la même manière, comme si c'était une ariette, il savait varier son débit, le régler sur celui de ses interlocuteurs, et éviter ces disparates que produisent tant d'acteurs qui ne savent faire leur thème que d'une façon, et ne sacrifient rien à l'harmonie de la scène. De plus, sa complaisance était sans bornes. Il ne refusait de jouer aucun rôle de son emploi, si mince qu'il fût, dès que sa société trouvait utile qu'il s'en chargeât. Ce sacrifice, au reste, tournait toujours au profit de son amour-propre. Son talent relevait le rôle auquel il ne dédaignait pas de se rabaisser.

Le *Misanthrope*, l'*Homme du jour*, le *Glorieux*, le *Dissipateur*, le *Chevalier à la mode*, sont des rôles où il excellait.

Bellecour avait à peine cinquante-deux ans quand une mort prématurée nous l'enleva. Peu de mois avant nous avions perdu Lekain. Molé et Larive se sont saisis de la succession de ces grands acteurs : l'ont-ils recueillie tout entière ?

Remarquez, mon neveu, qu'une des petites gravures qui se rattachent à cette lettre, représente Bellecour en costume tragique, celui de Philoctète (1). Il n'y porte ni son habit de drap noir, ni la culotte de mademoiselle Clairon, ni la bourse de M. Grandval. C'est tout simple : il n'y figure pas comme débutant.

(1) Voyez la gravure en regard.

BELLECOUR.

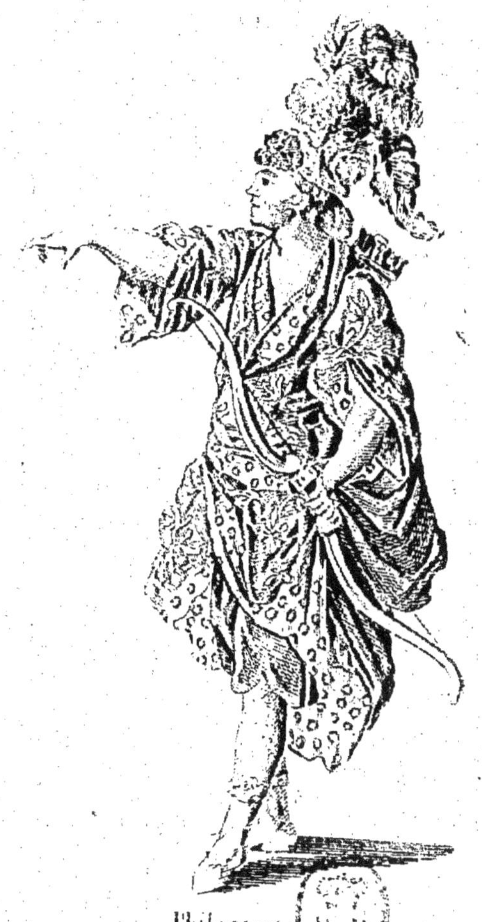

Philoctete

Mais un Prince, un Guerrier tel que vous tel que moi
Quand il a dit, un mot en est cru sur sa foi.

Acte II. Scène 4.

Bellecour s'était entendu avec Lekain pour établir enfin, dans les accessoires des représentations dramatiques, cette vérité de costume si nécessaire à l'illusion. Il est vêtu là d'un bel habit à la grecque, composé d'une soubre-veste de satin *rose sèche*, d'un manteau de satin cramoisi à ramages, broché en or, et doublé de satin tigré. Il est coiffé d'un bonnet orné de plumes d'autruche, lequel est ceint d'un diadême qui semble se rattacher à un mufle de lion. Ses cheveux se dessinent en boucles sur ses oreilles, et se relèvent en chignon derrière sa tête. Dans sa main est un arc doré, et sur son dos un carquois doré rempli de flèches dorées aussi. Qui peut méconnaître à cet équipement le compagnon et l'héritier d'Alcide?

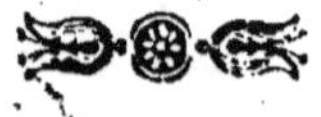

BRISART LE KAIN Page

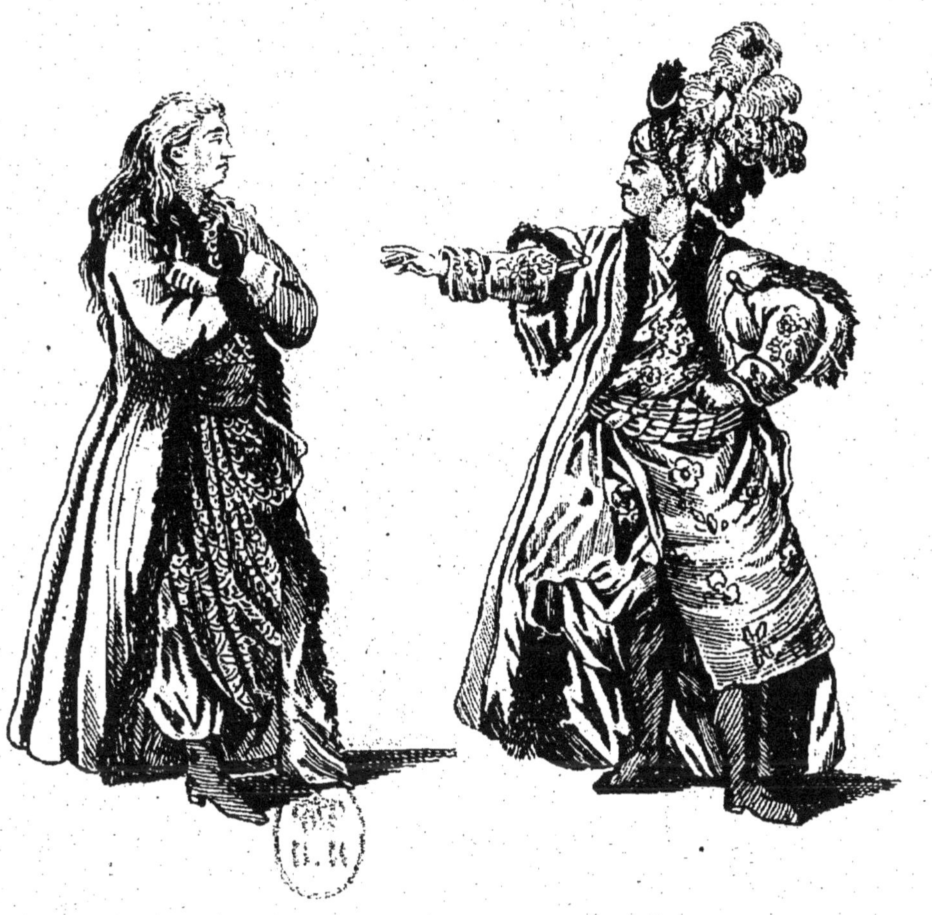

Zopire Mahomet

Penses-tu me tromper? *Je n'en ai pas besoin*

Acte II scène 5.

Troisième Lettre.

Lekain (1).

C'EST l'homme à qui nous devons tant de chefs-d'œuvre; c'est à Voltaire que la scène est redevable de cet acteur, le plus grand qu'elle ait jamais porté (2).

Lekain, fils d'un orfèvre, avait fait au collége de Mazarin de meilleures études qu'il n'en fallait pour suivre la profession de son père: il y prit le goût de la déclamation. Là, comme dans presque tous les établissemens d'instruction publique, l'usage alors était de faire précéder la distribution des prix par la représentation d'une pièce de théâtre, dont les rôles étaient joués par des écoliers. Le père de Lekain n'étant pas assez riche pour faire les frais de l'équipement drama-

(1) Né en 1729, à Paris, où il est mort en 1778.

(2) Remarquez que c'est un vieil amateur qui parle, et que ces lettres ont été écrites en 1821.

tique de son fils, Lekain ne prenait pas de rôle dans ces pièces ; mais, vu qu'il n'en coûtait rien pour faire l'office de souffleur, il soufflait. Il s'ensuivit qu'après ces représentations, il se trouva avoir joué tous les rôles, oui, joué, c'est le mot; car, comme, sans trop y songer, aux fonctions de souffleur il avait joint celles de répétiteur, ses camarades, formés par lui dans les répétitions, n'avaient été que ses échos aux jours de la représentation.

Encouragé par le succès de ses élèves, au sortir du collége, il s'était associé à quelques jeunes gens, passionnés comme lui pour l'art dramatique, et jouait avec eux la comédie et la tragédie sur un théâtre *bourgeois* à l'hôtel Jaback, quand Voltaire eut la curiosité de juger par lui-même du mérite de cette troupe, qui s'était fait quelque réputation. Elle donnait ce jour-là le *Mauvais riche*, drame versifié de d'Arnaud-Baculard : « Quel est, dit Voltaire, ce jeune homme qui débite si bien de si mauvais vers ? il m'a véritablement attendri. » C'était Lekain.

Lekain lui ayant été présenté, Voltaire lui répéta ce compliment. Mais, sachant que cet apprenti comédien était un orfèvre habile, il l'engagea à ne pas se laisser séduire par l'attrait d'une profession bien épineuse pour le talent lui-même, et à ne pas abandonner l'état de son père. Il lui offrit même une somme de dix mille francs pour s'établir. Les éloges eurent plus de puissance que les offres. Lekain persistant à vouloir être comédien, Voltaire le prit avec lui, et se chargea de le diriger dans ses études dramatiques.

Pour donner à son élève plus de facilité à mettre ses leçons en pratique, le professeur fit construire dans sa maison un petit théâtre. Lekain y jouait avec les nièces de Voltaire, et avec Voltaire lui-même, non-seulement les tragédies qui étaient au courant du répertoire, mais des pièces non représentées que ce grand poëte faisait essayer par cette petite troupe, ou composait exprès pour elle.

Cela se passait en 1748. En 1750, Lekain fut admis à débuter à la Comédie-Française. Il avait déjà assez de talent pour avoir de la réputation, et assez de réputation pour avoir des ennemis. On le lui prouva. Chaque fois qu'il entrait en scène, les murmures qu'il excitait n'étaient rien moins que l'expression de la bienveillance; à la vérité, il en sortait rarement sans avoir arraché au parterre le témoignage d'une vive admiration : mais il la lui fallait reconquérir tous les jours. On mit tout en œuvre pour le décourager. On fit venir de Bordeaux Bellecour, pour le lui opposer.

En butte à mille cabales, quoiqu'il en triomphât sans cesse, le pauvre débutant, après dix-huit mois de constance, commençait à se lasser. Il était prêt à se rendre aux invitations de Frédérick, et à partir pour Berlin, quand, étourdi de ce qu'on en disait, Louis XV eut la fantaisie d'en juger; il en jugea comme le parterre. « Il m'a fait pleurer, moi qui ne pleure » guère, » dit le Roi; et Lekain fut reçu comédien du Roi.

C'est dans le rôle de *Titus*, fils de Brutus, que Lekain avait fait pleurer Sa Majesté. Des jeunes rôles, dans lesquels il s'était montré d'abord, il passa bientôt aux premiers rôles. C'est pour eux qu'il était fait. On l'a reconnu à la supériorité avec laquelle il joua successivement *Sertorius*, *Achille*, *Cinna*, *Rhadamisthe*, *Ladislas*, *Œdipe*, *Manlius*, et les principaux rôles des tragédies de Corneille, de Racine et de Crébillon. Elle s'y manifestait d'autant plus qu'il avait à combattre de fortes préventions, qu'il avait à lutter contre les traditions établies par Baron, et transmises par Baubourg, Dufresne, Sarazin et Grandval, qui avaient été en possession de ces rôles. Pendant qu'il y surpassait ses devanciers, au lieu de les imiter, il laissait à ses successeurs, dans les rôles qu'il jouait d'original, un modèle qu'ils ne sauraient égaler.

Alors le génie de Voltaire, dont l'âge n'a pu tarir la fécondité, était encore dans toute sa vigueur. Depuis 1752, époque de la réception de Lekain, jusqu'en 1778, époque de sa mort, Voltaire mit ou remit au théâtre

Tancrède, *Rome sauvée*, *Adélaïde Duguesclin*, *l'Orphelin de la Chine.* Quel avantage pour un acteur d'avoir à *créer* (1) des rôles pareils à ceux dont Lekain fut chargé dans ces immortels ouvrages!

Donnant à chacun des héros qu'il représentait une physionomie particulière; toujours différent de lui-même, mais toujours tragique, avec quel art il exprimait dans *Gengis-Kan* les combats qui se livraient au cœur d'un conquérant, d'un barbare asservi, civilisé malgré lui par l'ascendant de la beauté et de la vertu; dans *Tancrède*, les tortures qui déchiraient l'âme d'un chevalier s'immolant par honneur, par amour, à une femme qu'il croit avoir forfait à l'honneur et trahi son amour; dans *Vendôme*, le dépit, les fureurs, les remords d'un cœur que l'amour enlève à l'honneur et que lui rend le remords! D'autre part, quelle profondeur dans *Mahomet* (2)! quelle sensibilité dans *Orosmane!* Qui n'a pas vu Lekain dans ces divers rôles, n'a pas idée de la puissance de l'art du comédien.

Cette puissance fascinait les yeux comme elle enchantait les cœurs. Sans être difforme, Lekain n'était

(1) On a critiqué cette expression : on a tort, ce me semble. *Créer* doit être pris ici dans le sens relatif; *créer* en acteur et non pas en auteur.

(2) Voyez la gravure en regard de la page 15.

ni bien fait, ni beau : hors du théâtre, aucun agrément ne rachetait l'irrégularité de ses traits : sa figure n'était ni imposante, ni agréable; sa voix était aigre et peu sonore, sa taille lourde et médiocre. Sur le théâtre, tous ces défauts disparaissaient : le génie ennoblissait sa figure, agrandissait sa taille, amollissait, assouplissait sa voix; ses accens, sa démarche, son maintien, ses gestes, étaient empreints d'une grâce irrésistible; et les dames qui, en le voyant, s'étaient écriées : *qu'il est laid !* s'écriaient : *qu'il est beau !* dès qu'il avait parlé. Or, parmi les gens qui en jugeaient ainsi, un grand nombre avaient vu, dans les mêmes rôles, ce Dufresne, à qui la nature prodigua tous ses dons. Ce Dufresne, le plus bel homme qui soit jamais monté sur le théâtre, n'y était pas si beau que Lekain.

Lekain devait tout à l'art, tout, excepté cette intelligence qui l'initiait dans tous les secrets du génie, dans tous les mystères de la sensibilité, et qui, l'associant aux conceptions des poëtes, lui faisait trouver l'accent le plus convenable à l'expression de la pensée ou du sentiment que la situation leur avait inspiré. Il n'avait négligé, d'ailleurs, aucune des études utiles à sa profession : il connaissait à fond l'histoire et les mœurs des différens peuples et des différens âges.

Non moins familiarisé avec le dessin qu'avec les lettres, Lekain traçait lui-même ses costumes, conformément aux renseignemens qu'il devait à ses recherches. C'est lui qui a établi dans cet important accessoire une vérité qu'avant lui on ne connaissait pas, et qu'il ne modifiait que pour lui donner plus de dignité. C'est lui qui substitua à la friperie burlesque, dont les héros de l'antiquité s'affublaient sur notre théâtre, des habits appropriés aux temps et aux mœurs auxquels appartenait l'action représentée. Par lui, la tunique et le manteau des Grecs et des Romains remplacèrent l'habit à panier sur le dos de César et d'OEdipe. Le satin de Gênes et le velours à quatre poils furent toujours employés à la confection de leurs costumes : ainsi le prescrivait la bienséance. Mais ces étoffes modernes recevant les formes que leur eût données l'antiquité, l'illusion était complète.

Les doctes du jour blâmeraient peut-être l'emploi de ces étoffes modernes dans les costumes antiques. Mais serait-ce juste? Les rois et les princes, en tous les temps, ne se sont-ils pas habillés des étoffes les plus magnifiques qui fussent en usage de leur règne? Ne possédant pas ces étoffes, quoi de mieux que de les remplacer par les plus précieuses qui soient aujourd'hui? OEdipe, César s'habilleraient-ils de drap d'Elbeuf ou même de Louviers? N'en déplaise à vos savans, ce n'est pas une faute que de traduire la toilette des anciens comme on traduit leur langage.

La pantomime de Lekain n'était pas moins puissante que sa déclamation. Sa démarche, ses attitudes, l'expression de son visage, toujours d'accord avec sa situation, manifestaient, même avant qu'il eût parlé, le sentiment dont il était plein. Son jeu muet était admirable. Dans *Tancrède*, par exemple, l'attendrissement qui se peignait dans ses regards, les soupirs qui s'exhalaient de sa poitrine en contemplant les murs de Syracuse, avaient dit, long-temps avant qu'il le prononçât, ce vers si heureux :

A tous les cœurs bien nés que la patrie est chère!

et dans Sémiramis, quand, les bras sanglans, l'œil égaré, le front pâle, les genoux tremblans, il sortait du tombeau de Ninus, cette expression silencieuse n'en disait-elle pas plus que la parole?

Les rôles de Tancrède, de Ninias (1), de Mahomet, de Gengis, furent les premières bases de sa réputation. Mais Lekain, prétendit-on alors, n'était propre qu'à jouer les tragédies de Voltaire, et encore d'après les leçons de Voltaire. Jouer le théâtre de Corneille, de Racine et de Crébillon, jouer tout l'ancien théâtre enfin, fut sa seule réponse à ces critiques : elle fut péremptoire. Le caractère neuf qu'il imprima aux rôles de *Néron*,

(1) Voyez la gravure à la lettre sur madame Vestris.

de *Rhadamisthe* (1), de *Ladislas* et de *Nicomède*, condamna ses détracteurs au silence, ou plutôt à l'admiration.

C'est dans le rôle de Nicomède surtout qu'il montra toutes les ressources de son talent, toute la justesse de son intelligence. C'est le caractère même du grand Condé que Corneille avait prêté à ce héros fier et railleur, mais toujours noble. Se gardant également de la familiarité qui dégrade le caractère tragique, et de la rodomontade qui le travestit, Lekain, dans *Nicomède*, sut être ironique avec dignité, superbe avec simplicité, et se maintenir, par son jeu, entre la limite de la tragédie et de la comédie, où Corneille semble avoir voulu placer ce singulier ouvrage.

Si le talent de Lekain s'appliquait à tout, sa complaisance ne se refusait à rien. Très-différent de certains acteurs qui ne se montrent que dans des rôles avantageux, ainsi que Bellecour, il ne refusait pas des rôles médiocres, et même il se chargea souvent de rôles qui appartenaient à un emploi inférieur au sien. On lui a vu jouer ceux de *Châtillon* et de *Théramène*, ce qui n'était fâcheux que pour les héros à qui l'on donnait un tel confident. Il parut même plus d'une fois en

(1) Voyez la gravure en regard de la page 20.

porteur de chaise, dans les *Précieuses ridicules*, et son amour-propre n'eut qu'à s'en applaudir.

Il est rare qu'un beau talent ne tire pas sa source d'une belle âme : celle de Lekain était des plus fières; il ne prêtait un accent si vrai aux sentimens nobles que parce qu'ils lui étaient naturels. Il était l'honneur de la profession qui faisait sa gloire.

Lekain, de plus, était homme d'esprit. Plusieurs de ses mots ont fait fortune : Comment la Comédie-Française fait-elle pour recevoir de si mauvaises pièces? lui demandait un jour la Reine. — *Madame*, répondit Lekain, *c'est le secret de la comédie*.

Le 27 janvier 1778, Lekain avait joué Vendôme, et s'était montré plus beau que jamais dans ce rôle qu'il affectionnait. Un incident singulier avait exalté son talent; une femme dont il était vivement épris, et qui le tourmentait par sa coquetterie, se trouvait à cette représentation. Lui faisant une application des traits que Voltaire met dans la bouche de Vendôme, c'est avec l'accent du sentiment le plus profond qu'il avait prononcé, au second acte, ces vers :

Vous avez fait, Madame, une secrète étude
Du mépris, de l'insulte et de l'ingratitude;
Et votre cœur, enfin, lent à se déployer,
Hardi par ma faiblesse, a paru tout entier.

Et ceux-ci, au troisième :

Vous auriez dû, peut-être, avec moins de détour,
Dans un premier transport étouffer mon amour,
Et par un prompt aveu, qui m'eût guéri sans doute,
M'épargner les affronts que ma bonté me coûte.
Mais je vous rends justice; et ces séductions,
Qui vont au fond des cœurs chercher nos passions,
L'espoir qu'on donne à peine, afin qu'on le saisisse,
Ce poison préparé des mains de l'artifice,
Sont les armes d'un sexe aussi trompeur que vain,
Que l'œil de la raison regarde avec dédain.

Soit que le trouble qui agitait son esprit ait passé dans son sang, soit que le froid l'ait surpris quand, échauffé par tant d'émotions, il sortit du théâtre, la fièvre le saisit. Sa maladie prit bientôt un caractère alarmant. L'inquiétude du public fut extrême. Tous les soirs, le parterre demandait au premier acteur qui entrait en scène, des nouvelles de Lekain : *il est mort!* répondit Monvel, le 8 février; et tous les spectateurs sortirent à l'instant de la salle en répétant : *il est mort!*

Lekain mourut au comble de la gloire, mais à la veille de son triomphe : le jour même où on l'enterrait, Voltaire arrivait à Paris.

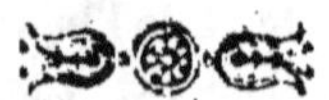

PRÉVILLE *dans trois rôles différens.*

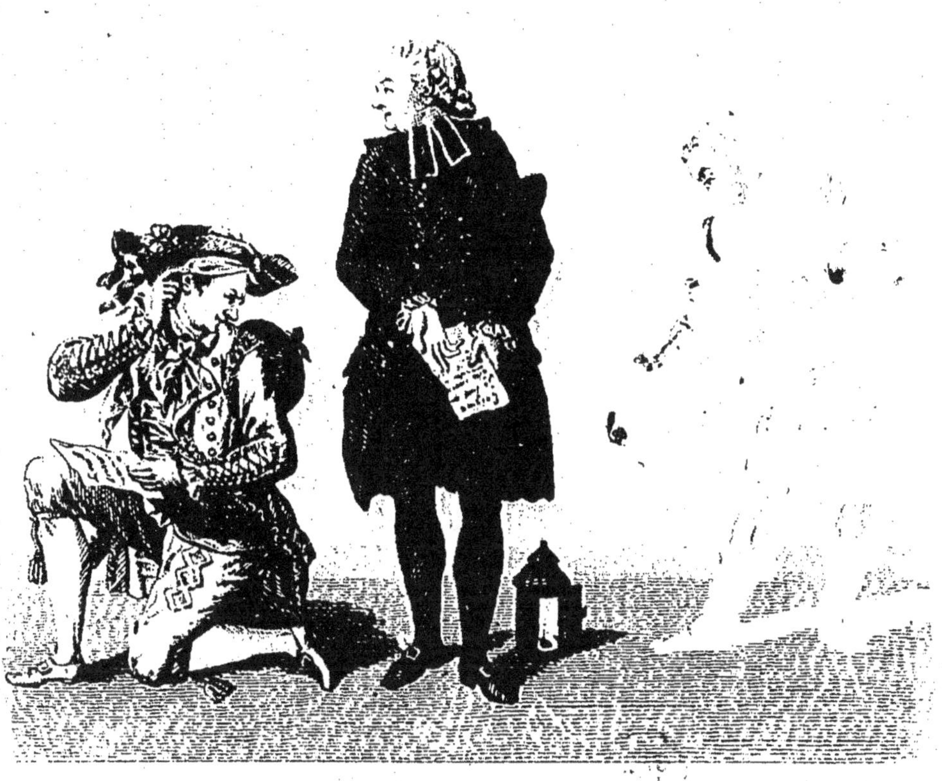

Figaro. l'abbé Beaugénie. Sosie.

F. *Le vin et la paresse*
Se partagent mon cœur
. . . .

B. *Jamais dans une énigme a-t-on vu rien de tel?*
Qu'est-il de plus coulant et de plus naturel ?

S. *Madame, Amphitrion, mon maître, votre époux.*

Quatrième Lettre.

Préville (1).

Ce n'est pas rabaisser Lekain que mettre Préville à son niveau. Tout passionné que je suis pour la tragédie, je ne crois pas qu'il soit plus difficile d'y devenir parfait que dans la comédie; je crois même qu'il est plus facile d'y éblouir la multitude avec un talent médiocre.

Pour le grand nombre, la nature tragique n'est que de convention. Un comédien sans génie croit que, pour s'y montrer supérieur, il suffit de se guinder, et de ne rien dire ou rien faire qui soit dans la nature positive. Il se compose, à cet effet, un récitatif et une pantomime qu'il applique à tous ses rôles, et, grâce à quelques éclats de voix calculés, à quelques attitudes affectées, il obtient la faveur du vulgaire, qui croit

(1) Né à Paris en 1721, mort en 1799.

qu'on ressemble d'autant plus à un prince qu'on ressemble moins à un homme; ce qui n'est pas toujours vrai.

L'acteur comique, au contraire, ne peut plaire que par l'imitation de la nature positive. Est-il facile, en ce genre, d'abuser le public? Les plus ignorans des spectateurs n'ont-ils pas le sentiment de cette nature? L'objet que le comédien prétend imiter n'est-il pas sous leurs yeux? Ne sont-ils pas eux-mêmes les objets de cette imitation? Tel idiot qui, entendant un acteur tragique déclamer faux, s'est écrié : sublime! dit, à la plus légère faute de l'acteur comique : détestable! Être simple et vrai sans trivialité; être gai et plaisant sans caricature, et porter l'art de l'imitation jusqu'à faire presque douter qu'on imite, voilà, mon neveu, voilà les qualités sans lesquelles on n'est pas acteur comique de première ligne; voilà les qualités que réunissait Préville.

Sa vie est semée de singularités : la moins piquante n'est pas d'être né presque à la porte de la Comédie-Française, et d'avoir été élevé chez l'abbesse du Petit-Saint-Antoine. Le bonhomme Dubus, son père, était intendant de cette dame. Humoriste et brutal, il traitait ses enfans fort durement. Le jeune Dubus se sauva de la maison paternelle, et, comme il n'avait pas le sou, il se mit au service des maçons pour ne pas mourir de faim. Il travaillait chez les Chartreux. Un de ces moines, remarquant sa figure et ses ma-

MOLÉ. PRÉVILLE.

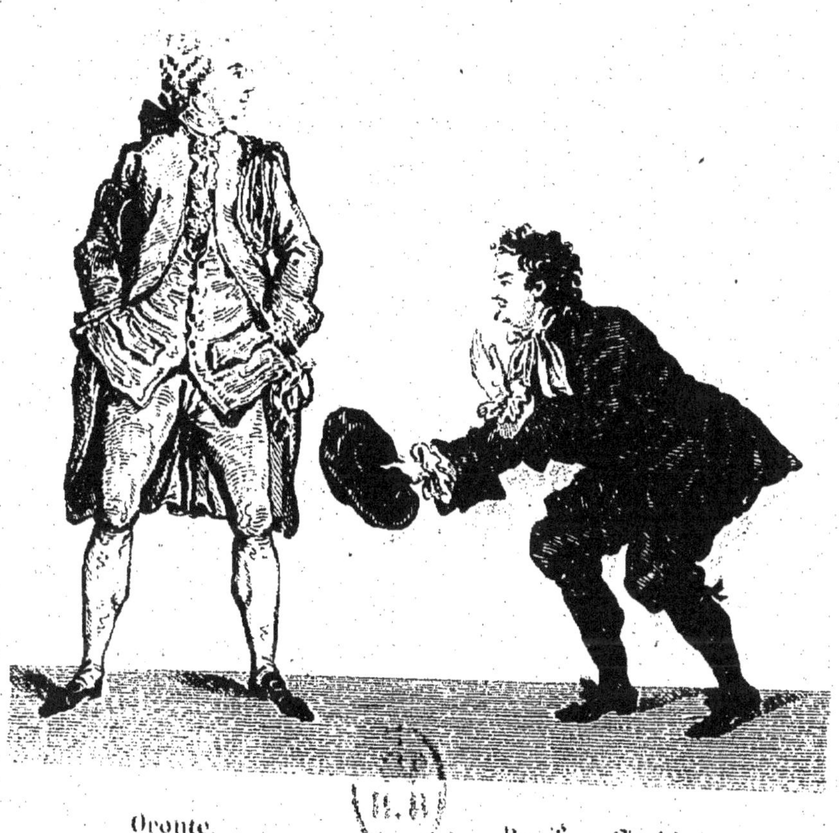

Oronte. Boniface Chrétien.

B. Allez quand vous voudrez et comptez là-dessus.

nières, se douta que ce petit garçon n'avait pas été élevé pour un pareil métier. Instruit par lui de tout ce qui s'était passé, et ne pouvant le déterminer à retourner chez son père, il prit ce fugitif sous sa protection et le fit adopter par son frère. Ces braves gens placèrent Dubus dans une étude : ils voulaient en faire un procureur, un notaire. Dubus avait vu jouer Poisson : il voulut être ce qu'était Poisson. Un beau jour donc il quitte le notaire et ses clercs, qu'il avait moins aidés qu'amusés, prend le nom de Préville, s'enrôle dans une troupe de campagne, et le voilà courant avec elle de ville en ville, et menant, entre la misère et la gaîté, une vie à peu près pareille à celle que Scarron a si plaisamment décrite dans son Roman comique.

En récapitulant les aventures de sa vie, Préville racontait, relativement à cette époque, des anecdotes assez plaisantes.

La bande joyeuse dont il faisait partie s'arrêtait partout où elle espérait faire recette ; à défaut de salle, elle s'installait dans une grange, dans une écurie, dans tout local assez vaste pour y rassembler des spectateurs. Les décorations, qui marchaient avec les actrices dans une charrette, étaient dressées en un tour de main, sur des planches soutenues par des tonneaux. Ces apprêts faits, le directeur, accompagné d'un violon, le seul qui composât l'orchestre, allait de carrefour en carrefour annoncer le spectacle; et, pour attirer les chalands, il ne négligeait pas de publier, dans les bourgs où on exerçait quelque industrie particulière, qu'on pouvait, *ad libitum*, payer sa place en denrées ou en argent. Ainsi, dans je ne sais quel endroit où l'on fabriquait des fromages, on avait reçu des fromages en échange du billet d'entrée, et l'on reçut des poissons salés dans un autre endroit qui trafiquait de salaisons. On ne pouvait pas dire de cette monnaie ce que Vespasien disait de l'argent : *Cela n'a pas d'odeur*. Aussi, à mesure qu'on la recevait, était-elle déposée par le caissier dans des baquets placés à la porte de la salle, mais en dehors, comme de raison. Un soir que la recette avait été abondante, personne ne se présentant plus, et la nuit étant close, le caissier crut pouvoir donner un coup-d'œil au spectacle. Il entre. Cependant un spectateur sort : celui-là avait payé en argent. Ignorant à quel usage était destiné le baquet qu'il entrevoit à la lueur d'un mauvais lampion, il se disposait à en user pour le besoin auquel il croyait qu'on avait voulu pourvoir, quand, de la porte de la salle, le caissier, qui l'avait vu sortir, lui cria du ton le plus pathétique: Monsieur! monsieur! c'est la recette!

Des théâtres forains, Préville était passé sur ceux des grandes villes, et il avait acquis de la réputation à

AUGER. PRÉVILLE.

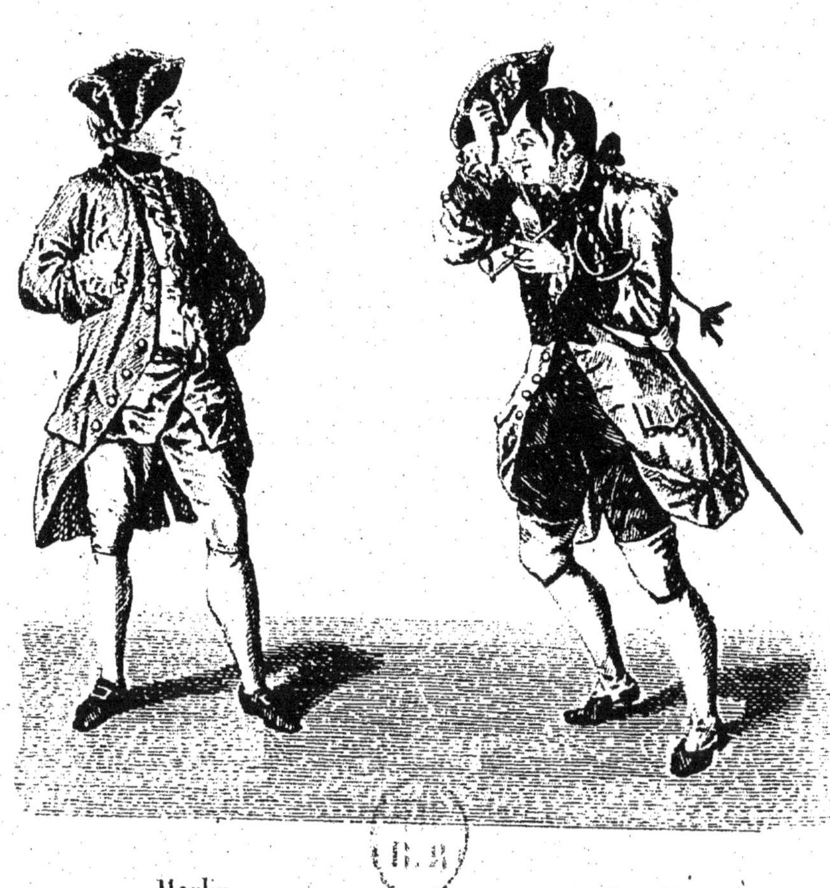

Merlin. La Rissolle.

M. *Mais que veut ce soldat?*

La R *Bonjour mon camarade j'entre sans dire gare.*

Le Mercure galant — *Acte IV. Scène 7.*

Strasbourg, à Dijon et à Lyon, quand il fut appelé à Rouen. Son jeu, formé sur celui de Poisson, n'était pas exempt d'une certaine exagération bouffonne. Il fut très-applaudi néanmoins dans cette dernière ville comme dans les autres; très-applaudi par tout le monde, excepté par un petit bossu qui ne sortait jamais de la salle sans avoir donné quelques signes de mécontentement. Un seul instrument joue-t-il faux dans un orchestre, c'est sur cet instrument que se porte toute notre attention. Curieux de savoir à quoi tenait cette rigueur, Préville aborde un soir cet homme difficile, et le prie de s'expliquer. Vous avez du talent, lui dit le bossu, mais vous êtes dans une fausse route : vous jouez la farce, et non la comédie. L'avis ne fut pas perdu : comme le grain tombé dans un bon terrain, il fructifia avec le temps. Renonçant à des succès ignobles, Préville s'étudia dès-lors à ne plaire qu'aux gens de goût; et il lui fallut du courage pour persister dans cette volonté; car depuis qu'il n'était plus extravagant, ses anciens admirateurs le trouvaient froid.

Monnet, directeur du théâtre de la foire Saint-Laurent, le fit venir à Paris vers ce temps-là. Il y fut goûté, et néanmoins on le laissa retourner en province.

Ce n'est qu'en 1753, après la mort de Poisson, que Préville fut appelé *aux Français* pour remplacer ce comédien qu'il avait d'abord pris pour modèle, et de la méthode duquel il s'était écarté pour lui devenir supérieur. Cette réforme pouvait être funeste au débutant. L'acteur qui succède à un acteur en faveur, semble ne devoir réussir qu'autant qu'il le rappelle. Le contraire arriva cette fois. C'est justement parce qu'il différait de Poisson que Préville plut au public.

Préville débutait dans le *Légataire*. Cette pièce, si abondante en scènes comiques, en situations toutes plaisantes, mais toutes diverses, était plus propre qu'une autre à mettre en évidence les différentes qualités du nouveau Crispin. Il surpassa toutes les espérances; il triompha de toutes les préventions. On s'étonna de la vérité de son jeu, et l'on avoua qu'un bon acteur avait été remplacé par un grand comédien.

Préville obtint un succès non moins brillant dans le *Mercure galant*, pièce *à tiroirs*, où le même acteur peut se montrer dans divers personnages. Qu'ils étaient plaisans et différens toutefois, les caractères qu'il donnait à chacun des originaux que le grand Boursault (1), auteur de cet ouvrage, amène successivement sur la scène! Quelle suffisance dans *l'abbé Beaugénie*, auteur musqué d'une énigme où il n'est pourtant pas

(1) Pourquoi l'oncle se sert-il de cette expression : *le grand Boursault?* Est-ce qu'il y en aurait un petit?

BELLECOUR. PRÉVILLE.

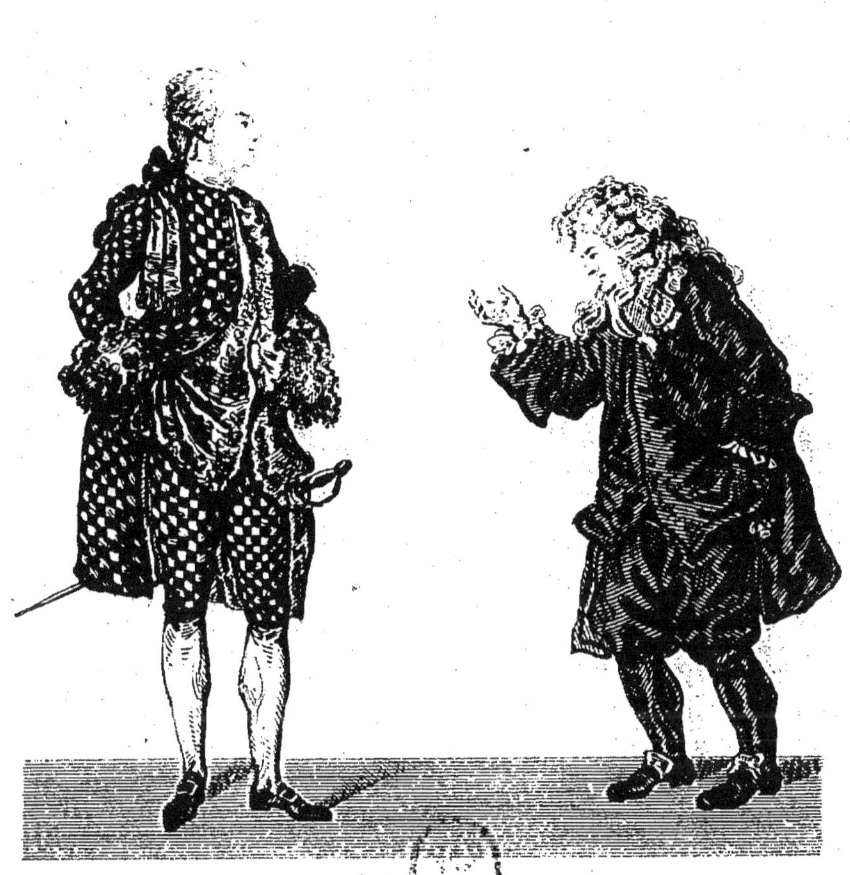

Le Marquis. Mr. Pincé.

P. *Eh! mais, si je vous offrais deux mille écus.*

Acte IV. Scène 7.

question de muse! Quelle bonhomie dans *Boniface Chrétien* (1), ce galant inventeur des billets d'enterrement à vignettes! Quelle verve dans maître *Sangsue* (2), le procureur!

Préville prenait avec tant de fidélité les habitudes du personnage qu'il représentait, qu'en le rencontrant même hors de la scène, on y était pris. Un jour que, sous le costume de *La Rissole* (3), l'uniforme sur le dos, les chevrons sur le bras, le bonnet de police en tête, et la pipe à la bouche, il attendait la réplique dans la coulisse : « Retirez-vous, mon camarade, lui dit le factionnaire, vous allez me compromettre. »

Au nombre des rôles qu'affectionnait Préville, n'oublions pas de mettre le *Sosie* d'*Amphytrion*, et *M. Pincé* (4), l'homme aux trois raisons, du *Tambour nocturne*. En jouant cet intendant, à qui il prêtait un caractère si singulier, peut-être pensait-il à son bonhomme de père.

Si Préville n'eût pas été un comédien dans toute l'acception du terme, hors des rôles exclusivement comiques, il n'eût pas obtenu de succès. Or, quel effet ne produisait-il pas dans ces rôles de nature

(1) Voyez la gravure en regard de la page 28.

(2) Voyez la gravure à la lettre sur Auger.

(3) Voyez la gravure en regard de la page 30.

(4) Voyez la gravure en regard.

mixte, et qui, pathétiques et plaisans tout à la fois, provoquent en même temps le rire et les larmes! Dans les rôles de ce genre, la force comique réside, surtout, dans le naturel. Avec quel naturel ne jouait-il pas le personnage de *Freeport* dans l'*Ecossaise*, celui d'*Antoine* dans *Le Philosophe sans le savoir*, et celui du *Bourru* dans la comédie de *Goldoni!* Dans cette dernière pièce, il se rappelait sans doute aussi son père, qui pourtant était moins bienfaisant que bourru.

L'habitude de Préville était de chercher dans la société le modèle du personnage qu'il devait représenter sur le théâtre. C'est le docteur Lorry, petit-maître s'il en fut, qu'il avait étudié pour jouer le médecin du *Cercle*.

Parmi les rôles établis par Préville, n'oublions pas celui du *Barbier de Séville* (1) ; il semblait l'improviser, tant il s'était pénétré de l'esprit de ce personnage, ou plutôt de l'esprit de Beaumarchais, le plus spirituel, le plus original des comiques français après Molière.

Naturel en tout, Préville recommandait à ses élèves de ne rien se permettre en scène qui ne fût dans la

(1) Voyez la gravure en regard de la page 27, où il est représenté dans ce rôle, dans celui de l'abbé *Beaugénie*, et dans celui de *Sosie*. Voyez-le aussi à la lettre sur Molé, dans le *Galant Coureur*.

nature; mais, ajoutait-il, n'allez pas vous permettre tout ce qui est dans la nature; parmi les dons que nous tenons d'elle, il en est que la bienséance nous ordonne de cacher : nous ne montrons pas toutes les parties de notre corps, quoique nous montrions notre visage.

Préville se retira du théâtre le 11 mars 1786, après avoir fait ses adieux au public dans la *Partie de Chasse*, où il jouait le rôle de *Michaud*. Cet adieu ne fut pas éternel, comme il le croyait : cinq ans après, en 1791, pour aider ses camarades, que ruinait l'établissement d'un théâtre rival, il consentit à remonter sur le Théâtre-Français, et à donner une douzaine de représentations. Il y ramena la foule. Quoiqu'il eût soixante-dix ans, il avait conservé tout le feu et toute la vivacité de ses belles années; mais il n'était plus sûr de sa mémoire. Son engagement rempli, il retourna à Senlis, déterminé à n'en plus sortir.

Il manqua pourtant une fois encore à l'engagement qu'il avait pris avec lui-même, et ce fut encore pour aider ses anciens camarades, dans la détresse où ils se trouvaient par suite de la détention que les terroristes leur avaient fait subir. Il fit avec eux l'ouverture de leur théâtre. C'est tout ce que lui permettaient ses forces. Cette représentation fut la dernière dans laquelle il ait joué, et la dernière à laquelle j'aie assisté.

BRISART. MOLÉ.

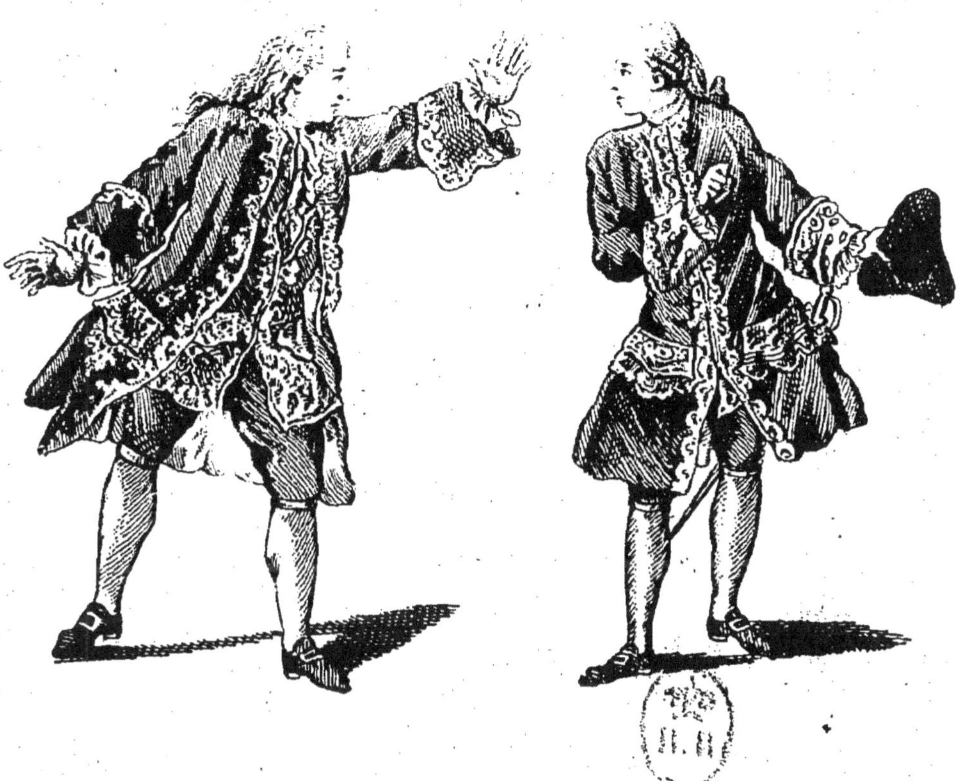

Le Marquis. Darviane.

Le M. *Malheureux! qu'osas-tu proposer à ton père?*

Mélanide Acte V Scène 2.

Cinquième Lettre.

Brizard (1).

Grand acteur aussi. Comme Bellecour et Lekain, c'est en s'exerçant à la peinture qu'il s'était passionné pour le théâtre. Il y a quelque analogie entre ces deux arts : l'un et l'autre tendent à exprimer sur le front ce qui se passe au fond du cœur. Le peintre, sans trop y songer, ne fait-il pas les mêmes études que le comédien, avant que de porter sur la toile l'expression que celui-ci retient sur sa figure? Ou je me trompe, ou ses traits se composent involontairement sur ceux qu'il veut rendre, et la passion qu'il veut exprimer se réfléchit sur son propre visage. Un bon peintre est nécessairement un bon mime; c'est être à demi-comé-

(1) Né à Orléans en 1721, mort en 1791.

dien. Pour l'être tout entier, il ne lui manque que d'imiter l'accent des passions dont il imite les traits. Mais le même sentiment qui lui a fait trouver des traits justes, ne lui fera-t-il pas trouver des accens vrais? Tous les arts d'imitation se tiennent.

Comme Bellecour, Brizard était élève de Carle Vanloo. Au jugement de son maître, il était en état de concourir pour le grand prix de peinture, quand le hasard le jeta dans une carrière où des succès plus certains l'attendaient.

Il était allé à Valence, où l'on avait formé un camp de plaisance, et il n'avait pas d'autre intention que de se divertir. Une actrice qui connaissait ses dispositions pour le théâtre, l'engagea à prendre un rôle dans une tragédie qu'un infant d'Espagne, qui se trouvait là, desirait voir représenter, ce qui ne se pouvait, faute d'un acteur. Brizard fut applaudi pour son talent plus encore que pour sa complaisance. Cela décida de son sort : il ne retourna plus à l'atelier.

Brizard joua long-temps les premiers rôles en province, et toujours avec le même succès. Il n'osait pourtant pas prétendre à venir à Paris, quand, à la sollicitation de Mlle Clairon et de Mlle Dumesnil, il reçut, en 1757, ordre de s'y rendre pour débuter à la Comédie-Française. Accueilli là comme il l'avait été partout, après un an d'essai, il fut admis au nombre des comédiens du Roi, pour jouer les rois et les pères.

Aucun acteur n'a réuni plus complétement les qualités qu'exigent ces deux emplois. Doué d'une âme sensible et brûlante, et d'une voix propre à l'expression des plus nobles sentimens, si Brizard possédait les dons qui parlent au cœur et commandent l'attendrissement, les dons qui parlent aux yeux et imposent le respect, il les possédait aussi. Sa taille était haute et majestueuse, sa figure noble et vénérable; aucune expression, pas même celle de la douleur, n'altérait la régularité de ses traits, dont la dignité était merveilleusement accompagnée par la plus belle chevelure qui ait orné jamais une tête de vieillard.

Ce n'est pas à l'art que Brizard était redevable de cet ornement que ses camarades empruntent journellement à un perruquier. Dès sa jeunesse, l'effroi d'un danger imminent avait imprimé à ses cheveux cette teinte qui relève si bien le caractère de la paternité et de la royauté; caractère tellement empreint dans toute la personne de cet acteur, que lorsqu'il jouait *le roi Léar,* on disait assez généralement : allons voir *le roi Brizard.*

Le jeu de Brizard était simple comme la nature, et cela se conçoit : ses études se bornaient à graver dans sa mémoire les rôles qu'il avait gravés d'abord dans son intelligence; il les jouait ensuite d'inspiration, variant les inflexions de sa voix, les habitudes de son corps, d'après les impressions qu'il éprouvait en scène. Aussi ne se répétait-il guère, et ne se ressemblait-il qu'en ce qu'il était toujours sublime.

Les émotions qu'il produisait, effet de ses propres émotions, étaient d'autant plus profondes qu'elles étaient moins prévues. *M. Brizard*, lui dit un jour le roi de Danemarck, homme de sens alors, *on voit bien que vous n'étudiez pas vos rôles devant une glace.*

Simple et noble comme son jeu, sa diction était également éloignée de l'enflure et de la trivialité; il ne déclamait pas, il parlait; mais ces accens étaient tellement ceux de la vérité, qu'il n'y avait âme si dure qu'ils ne pénétrassent.

Quel effet l'assemblage de tant de rares qualités ne produisait-il pas dans les rôles de *Zopire* (1), de *Don Diègue*, de *Narbas*, de *Lusignan*, de *Zamti!* (2) Leur puissance n'était pas moindre dans les rôles énergiques: dans le *vieil Horace*, dans *Mithridate*, dans *Brutus*.

Peut-être est-ce le caractère donné par Brizard au premier de ces rôles, que, sans trop s'en douter, David

(1) Voyez la gravure en regard de la page 15.

(2) Voyez la gravure à la Lettre sur madame Rocourt.

a reproduit sur la toile, dans son Serment des Horaces; peut-être est-ce aussi Brizard que, sans y songer encore, ce grand peintre a retracé dans cet autre chef-d'œuvre où Brutus cherche des consolations au pied de la statue de Rome, idole à laquelle il vient d'immoler ses fils. Avec quel art, en effet, Brizard n'avait-il pas su concilier, dans le rôle de Brutus, deux affections qui semblaient incompatibles : la férocité romaine et la tendresse paternelle. Aussi Voltaire, oubliant que lui-même était le premier auteur de ce prodige, et que son génie avait résolu cette effrayante difficulté, dit-il à Brizard, qui vint le couronner à la suite d'une représentation de *Brutus* : « *Vous me faites regretter la vie ; vous me faites voir dans le rôle de Brutus des beautés que je n'avais pas aperçues en le composant.* »

Il est à souhaiter qu'on garde le souvenir de l'impression que Brizard produisait dans Mithridate, soit par cet accent si différent qu'il savait donner aux reproches communs qu'il adressait à ses fils, qui, coupables de la même faute, n'étaient pas jugés par lui avec la même sévérité; soit par l'énergie avec laquelle il exprimait sa haine contre les Romains, haine que quatre-vingts hivers n'avaient pas refroidie. C'est surtout au cinquième acte, quand, saisissant son casque, il s'écriait : *les Romains!* qu'elle se manifestait dans toute sa personne avec le plus sublime caractère.

Une fois en scène, Brizard, tout à son rôle, ne faisait aucune attention à ce qui ne tenait pas à l'action où il était impliqué. Le feu ayant pris un jour au panache de son casque, il ne s'en apercevait pas; et quand il en eût été averti par les cris du parterre, il se contenta d'ôter tranquillement de dessus sa tête cette coiffure foudroyante, et de la remettre à son confident, qui, ne croyant pas ce calme héroïque dans l'esprit de sa condition, la laissa tomber.

Une autre fois, blessé dans le rôle de Danaüs par le comédien Dubois, qui s'était servi d'un sabre affilé, ce n'est encore qu'aux cris des spectateurs que Brizard s'aperçut que son sang coulait, et qu'à leurs instances réitérées qu'il se retira.

Familiarisé dès son adolescence avec l'étude de l'antiquité, Brizard n'avait pas été moins choqué que Lekain de l'inexactitude burlesque du costume tragique à l'époque où ils étaient entrés au théâtre; aussi appuya-t-il de tous ses efforts ceux de ce grand acteur, pour opérer une utile réforme dans cette partie si nécessaire à l'illusion de la scène. Cet homme, d'humeur si facile sur tout autre article, était intraitable sur celui-là. Un jour qu'il avait été appelé à Versailles pour y jouer, sur le théâtre de la cour, le rôle d'OEdipe, dans une tragédie de M. Ducis, voyant que les *menus* (1), qui là fournissaient les habits, lui en avaient fait faire un de satin bleu-céleste, il refusa de s'en servir, et aima mieux s'affubler d'une tunique de laine destinée à un confident. Il avait raison. Du satin bleu-céleste pour OEdipe proscrit! du satin feuille morte, à la bonne heure !

Brizard jouait dans la comédie et dans le drame avec une grande supériorité, les rôles graves, tels que ceux du marquis dans *Mélanide* (2), du baron dans le *Tambour nocturne*, du père dans le *Menteur*, de Dupuis dans *Dupuis et Desronais*, et de Vanderk dans le *Philosophe sans le savoir.* C'est lui qui, le premier, reproduisit sur la scène française l'image de Henri IV, qu'il représentait dans la *Partie de chasse.*

C'est par une représentation de cette dernière pièce qu'il prit congé du public. Il y était assisté par Préville, Mme Préville et Mlle Fanier, qui se retirèrent aussi ce jour-là, jour de deuil pour la scène française.

Brizard n'était pas moins estimé comme homme privé que comme comédien. Le jour où il quitta le théâtre pour n'y plus reparaître, un homme considérable et considéré, un ancien magistrat, fut le visiter

(1) Intendance des Menus-Plaisirs du Roi.

(2) Voyez la gravure en regard de la page 37.

dans sa loge après le spectacle, et dit à son fils qu'il y avait conduit : « *Mon fils, embrassez monsieur; nous perdons en lui un homme dont les vertus ont surpassé les talens.* » Éloge très-juste, mais un peu intempestif, soit dit entre nous ; car si, à dater de ce moment, les talens de Brizard étaient perdus pour le théâtre, ses vertus ne l'étaient pas pour la société.

La retraite de Brizard eut lieu en avril 1786. Ce n'est que cinq ans après qu'il est mort dans l'habitation qu'il s'était faite au Gros-Caillou, où j'allais de temps en temps parler avec lui des beaux jours du beau théâtre dont il avait fait la gloire.

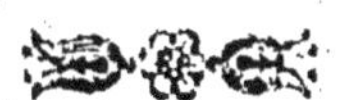

BRIZART. Mlle CLAIRON. Mme GRANDVAL.

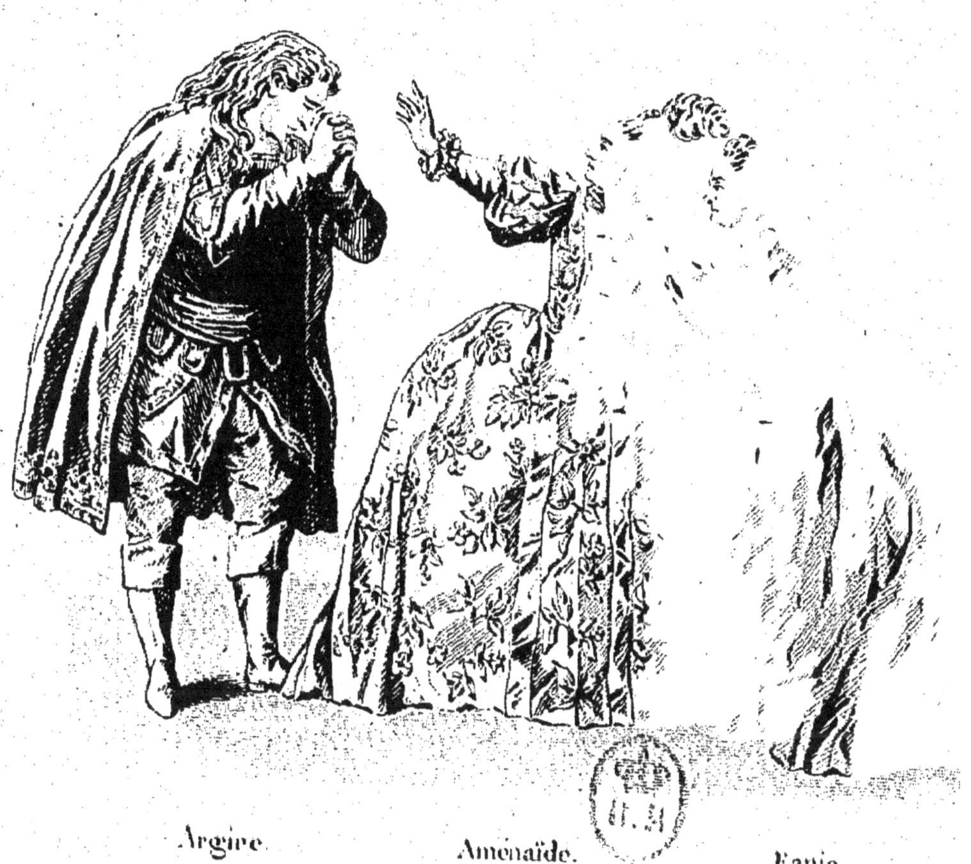

Argire. Aménaïde. Fanie.

Ar. Ah ne puis je savoir qui t'a sauvé le jour ?

Amé. Un mortel autrefois digne de mon amour.

Tancrède

Sixième Lettre.

Mademoiselle Clairon (1).

SON véritable nom était La Tude; Clairon est un diminutif de Claire, un de ses noms de baptême. La cérémonie dans laquelle ce nom lui avait été donné, fut accompagnée d'une circonstance tout-à-fait bouffonne.

Mademoiselle Clairon naquit en carnaval. Comme elle n'avait que sept mois, et que sa frêle constitution faisait douter qu'elle vécût, sa grand-mère crut qu'il n'y avait pas un instant à perdre pour lui assurer le paradis. Et vite on porte l'enfant à l'église. L'église était fermée : point de curé, point de vicaire; le vicaire et le curé faisaient le mardi gras chez un voisin où les masques s'étaient réunis pour danser; et ils étaient masqués comme

(1) Née à Condé en 1723, morte à Paris en 1803.

leurs paroissiens. On va les y relancer; on leur présente l'enfant. Le cas était pressant. Vu l'urgence, ces théologiens décident que le sacrement sera administré à l'instant même et sur le lieu. On fait taire les violons; on prend dans le buffet l'eau, le sel et tout ce qui est nécessaire à la cérémonie, et la petite fille est baptisée entre deux contredanses, par un Arlequin et un Gilles.

Un sujet né sous de pareils auspices appartenait de droit au théâtre. La nature sembla l'avoir doté en conséquence. Une mémoire prodigieuse, une grande intelligence, le talent de l'imitation joint au sentiment du beau, telles sont les qualités qui se manifestèrent dans Hyppolite Clairon, dès l'enfance. Elle était heureusement partagée aussi sous le rapport des qualités physiques : sans être grande, sa taille élégante s'ennoblissait par ses attitudes, comme sa figure, sans être remarquable, s'embellissait par l'expression.

Élevée conformément à la condition de ses parens, qui n'était pas des plus relevées, à onze ans mademoiselle Clairon savait à peine lire, quand un hasard lui apprit à quelles études elle devait se livrer. Les fenêtres du galetas que sa mère était venue occuper à Paris, donnaient sur l'appartement de mademoiselle Dangeville, une des plus parfaites actrices qui aient illustré notre scène. La voyant de là s'exercer dans tous les arts dont le concours est nécessaire aux succès dans l'art du théâtre, la petite Clairon demanda dans quel but cette belle demoiselle étudiait-elle tant de belles choses? et, se sentant des dispositions pour toutes ces choses-là, elle en conclut qu'elle en avait aussi pour la profession de mademoiselle Dangeville. On en fut convaincu, quand, au retour de la comédie, où on avait consenti à la conduire, on lui vit imiter tous les acteurs qu'elle avait vu jouer. Elle déclara aussitôt ne pas vouloir d'autre état; ce n'est pas sans peine qu'elle obtint, pour s'y former, la permission de sa mère, qui ne l'avait pas élevée pour faire la reine, mais pour être couturière.

Mademoiselle Clairon se destinait à la comédie italienne (1): elle y débuta en 1736, n'ayant encore que treize ans, et fut accueillie favorablement par le public; mais elle n'y fut pas reçue justement à cause de cela. L'Arlequin de la troupe, craignant de donner une rivale à ses filles, la fit éconduire. Grâce à cette heureuse contrariété, contrainte à changer de direction, mademoiselle Clairon s'engagea pour le théâtre de Rouen, où elle resta quatre ans. Là elle jouait tout, la

(1) Le théâtre auquel on donnait alors ce nom, parce qu'on y jouait des pièces italiennes, représentait aussi des comédies françaises, c'est aujourd'hui le théâtre de l'Opéra-Comique.

tragédie, la comédie, l'opéra, et jouait tout avec talent. Comme elle avait une voix très-étendue, on la fit venir à Paris pour doubler mademoiselle Le More, première chanteuse au théâtre dit Académie royale de musique. Malgré les succès qu'elle y obtint, au bout de quatre mois, elle songeait à quitter cette académie, s'impatientant, disait-elle, *de ne suivre que des modulations notées par un musicien,* quand elle fut appelée au théâtre où son instinct la poussait, au Théâtre-Français, et cela pour doubler cette Dangeville, premier objet de ses imitations, c'est-à-dire, pour jouer les soubrettes.

Un article de son engagement lui donnait, à la vérité, le droit de jouer la tragédie. Se souvenant qu'après l'avoir vue dans le rôle d'Éryphile, Sarazin lui avait dit : Vous serez un jour la ressource du théâtre, Mademoiselle Clairon voulut user de son droit.

En dépit de toutes les objections, elle débuta donc dans la tragédie, non dans un rôle subalterne et facile, comme on l'y invitait, mais dans le rôle le plus important, le plus difficile qui soit au théâtre, dans le plus brillant des rôles de mademoiselle Dumesnil : dans Phèdre. Le succès justifia son audace; et le Théâtre-Français, si riche alors, compta une grande actrice de plus : grande actrice en plus d'un genre, car ses débuts les embrassaient tous; et elle avait été aussi proclamée grande actrice comique à la suite d'une représentation de *Tartuffe*, où elle avait joué le rôle de Dorine.

On était accoutumé alors, comme vous avez pu le remarquer, mon cher neveu, à voir les premiers acteurs se produire dans les deux genres. Lekain lui-même jouait les rôles à manteaux, et il y était excellent. Je crois que ces acteurs gagnaient à cette méthode : d'une part, l'habitude de la tragédie les empêchait de descendre trop bas dans la comédie, et de s'y ravaler jusqu'à la trivialité; de l'autre, l'exercice de la comédie les empêchait de se perdre dans l'enflure, et leur donnait dans la tragédie cette facilité de manières sans laquelle la dignité manque de grâce, sans laquelle la noblesse n'est que de la roideur.

Le talent de mademoiselle Clairon se composait de la réunion de ces diverses facultés employées avec un art admirable. Moins pathétique que mademoiselle Dumesnil, elle n'avait pas de ces mouvemens inattendus, par lesquels sa rivale secouait ses auditeurs, et les réveillait un moment pour les laisser retomber ensuite dans leur première tranquillité, d'où elle les retirait encore l'instant d'après : elle ne produisait pas des émotions aussi vives, mais elle était constamment belle; elle était, comme actrice, ce qu'est comme poëte ce Racine qui s'élève rarement aussi haut que Corneille, mais qui ne descend jamais aussi bas, et sait se maintenir dans une inaltérable perfection.

Les effets que mademoiselle Dumesnil produisait par inspiration, mademoiselle Clairon les obtenait par des combinaisons : Elle avait dans la gorge, disait Voltaire, ce que l'autre avait dans le cœur.

Les rôles fiers étaient ceux qui convenaient le plus à mademoiselle Clairon, qui était très-fière de sa nature. *Hermione*, *Phèdre*, *Zénobie*, *Viriate*, *Monime*, *Didon*, d'où lui vient le surnom de Reine de Carthage, sont les rôles où elle excellait; mais celui où elle était surtout aimée du public, c'est *Médée* : elle y a été peinte par Carle Vanloo, et gravée par Drevet, je crois. La princesse Galitzin avait fait les frais du tableau; Louis XV fit les frais de la gravure, et il en donna la planche au modèle, qui eut ainsi l'occasion de trafiquer de lui-même sans se rabaisser.

Dans ces rôles, mademoiselle Clairon dut beaucoup, sans doute, aux actrices qui les avaient joués avant elle; mais elle ne dut rien qu'à elle-même dans les rôles qu'elle joua d'original, tel celui que Marmontel lui confia dans *Denis-le-Tyran*; tel celui que Saurin lui confia dans *Blanche et Guiscard*, tel enfin celui d'Iphigénie dans l'*Iphigénie en Tauride* de Guimond Delatouche.

Voltaire lui-même, dans *Tancrède* et dans l'*Orphelin de la Chine*, lui eut des obligations qu'il ne dissimulait pas. Dans cette dernière pièce, où elle jouait *Idamé*, elle balança toujours, et même elle éclipsa quelquefois les succès de Lekain. Aussi ce grand acteur disait-il un jour, après la représentation de l'*Orphelin* : Mademoiselle Clairon joue *Gengis*, je suis réduit à ne jouer qu'*Idamé*.

Cette saillie dépose autant contre le caractère ambitieux de mademoiselle Clairon qu'en faveur de son talent. L'éloge et l'épigramme étaient également justes.

L'arrogance de mademoiselle Clairon la rendait insupportable à sa société; cela devait être. L'amour-propre, d'ordinaire, l'emporte dans les comédiens sur tout autre intérêt; ils sont plus offensés de la supériorité d'un talent qui rabaisse le leur, que reconnaissans des avantages dont ce talent peut être à l'entreprise d'où dépend leur fortune.

Mademoiselle Clairon, à la vérité, ménageait peu les prétentions de ses camarades; on en peut juger par le trait suivant : En 1762, la Comédie ayant jugé à propos de remettre au théâtre le *Comte d'Essex*, et mademoiselle Dumesnil, en conséquence de son droit d'ancienne, ayant déclaré qu'elle jouerait le rôle d'*Elisabeth* : Je jouerai donc celui de la duchesse? dit mademoiselle Clairon. — Ce rôle m'appartient, dit mademoiselle Hus, actrice moins bonne que belle, et je ne le céderai pas. — Cela étant, je jouerai la confidente, dit mademoiselle Clairon.

On avait pris cela pour une plaisanterie. Le jour de la représentation arrive : mademoiselle Clairon se présente en confidente, à la grande surprise de tout le monde, et surtout de mademoiselle Hus. Qu'arriva-t-il ? La confidente ne prononçait pas un mot qui ne fût accueilli avec des applaudissemens ; la princesse, pas un mot qui ne provoquât les huées. Jamais représentation ne fut plus singulière, même pour les gens qui n'y comprenaient rien. Pourquoi donc applaudit-on si fort cette dame qui n'a rien à dire ? demandaient les provinciaux.

Pour compléter son triomphe, la *Reine de Carthage* parut, à la suite de la tragédie, dans les *Précieuses ridicules* : elle y joua le rôle de la Servante, et n'y fut pas moins applaudie que dans la première pièce. Un tour pareil ne se pardonne guère. Mademoiselle Hus, qui avait manqué de déférence envers mademoiselle Clairon, dont elle était l'élève, avait toutefois mérité cette leçon.

On conçoit qu'avec un caractère aussi fier, mademoiselle Clairon ne supportait qu'impatiemment la flétrissure dont sa profession était frappée dans la société, par un préjugé fondé sur les écritures de l'Église.

Aussi s'était-elle occupée plusieurs fois des moyens de faire relever les comédiens de l'excommunication lancée contre eux dans des temps de barbarie, et y travaillait-elle encore, quand un événement, arrivé par le préjugé même qu'elle combattait, la détermina à quitter le théâtre au moment où elle jouissait de la plénitude de son talent et de celle de sa réputation.

Les gentilshommes de la Chambre, et particulièrement le duc de Richelieu, qui ne permettaient pas à tout le monde d'être honnête homme, s'étant opposés à l'exécution d'une décision par laquelle les Comédiens français avaient exclu de leur société un de leurs camarades qui s'était déshonoré par un faux serment, mademoiselle Clairon refusa de jouer avec lui. Les dictateurs de la scène croyant leur honneur intéressé à soutenir l'acte d'une autorité qu'ils compromettaient en faveur d'un homme infâme, firent arrêter l'actrice récalcitrante, et l'envoyèrent au fort l'Évêque. Rendue à la liberté, mademoiselle Clairon envoya sa démission à Messieurs de la Chambre, ne pouvant se décider à reprendre une profession où elle avait trouvé la gloire, et à laquelle on interdisait l'honneur (1). Elle n'avait que quarante-deux ans.

(1) L'oncle se trompe encore ici, ou du moins les choses sont aujourd'hui à l'inverse de son temps : on rirait aujourd'hui

Depuis cette époque, c'était en 1765, mademoiselle Clairon n'a plus joué sur un théâtre public. C'est vers ce temps-là qu'elle fit son voyage à Ferney. Voltaire, après lui avoir vu jouer chez lui le rôle d'*Electre*, s'écriait, dans les transports de son admiration : *Ce n'est pas moi qui ai fait cela ! c'est elle qui a créé ce rôle !*

Mademoiselle Clairon a rendu à la scène française des services dont l'effet s'est prolongé bien au-delà de sa retraite : elle n'a pas moins puissamment contribué que Lekain à la réforme du costume. Peut-être même a-t-elle porté, sur cet article, l'exactitude un peu loin, quand, au cinquième acte de *Didon*, elle s'est avisée de paraître

Dans le simple appareil
D'une beauté qu'on vient d'arracher au sommeil ;

et cela pour indiquer le désordre que portait dans ses sens le songe qui l'avait chassée de son lit. La reine de Carthage en chemise ! Elle ne s'est montrée, au reste, qu'une seule fois dans cette toilette, au public.

Parlons, à cette occasion, de son costume dans le

d'un comédien qui prétendrait à la gloire, et l'on s'indignerait contre un gentilhomme de la Chambre qui lui contesterait l'honneur.

rôle d'Électre; rien de plus simple et de plus noble : une robe noire sans paniers, sans garniture; des cheveux naissans et non frisés; un œil de poudre, pas de rouge et des chaînes, c'était admirable (1)!

Mademoiselle Clairon a provoqué, de plus, le déblayement de la scène, qui était encombrée de bancs loués aux fats de la ville et de la cour; déblayement auquel ses camarades consentirent sans trop de difficulté, tant par amour pour l'art que par considération pour le comte de Lauraguais, qui leur paya cinquante mille francs pour les indemniser d'un sacrifice qui leur profitait.

Mademoiselle Clairon avait formé plusieurs élèves; deux seulement ont marqué sur la scène après elle : l'un est ce monsieur Larive aux mains duquel le sceptre tragique passa par la mort de Lekain, à qui il a succédé comme Louis XV à Louis XIV; l'autre est cette demoiselle Raucourt que son institutrice désavouait, mais qui n'en a pas moins passé pour sublime, par comparaison sans doute avec ce qui l'entourait.

Mademoiselle Clairon se rendit, en 1773, auprès du margrave d'Anspach, chez qui elle resta dix-sept ans; elle eut dans cette cour une existence pareille à celle qu'avait à la cour de Louis XV madame de Pom-

(1) Voyez la gravure de la page 45 et celle de la page 57.

padour, à cette différence près que ce ne fut pas au préjudice du pays.

Mademoiselle Clairon, si on l'en croit, donnait d'excellens conseils au prince et même à la princesse, servait de son crédit les hommes recommandables, et de son superflu dotait des établissemens utiles. C'était absoudre sa faveur.

La *Reine de Carthage* revint vers 1791 en France, où elle est morte en 1803, dans un état de fortune au-dessous du médiocre. La révolution la ruina; sa retraite seule l'a détrônée.

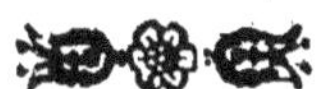

Mlle DUMESNIL   Mlle CLAIRON.

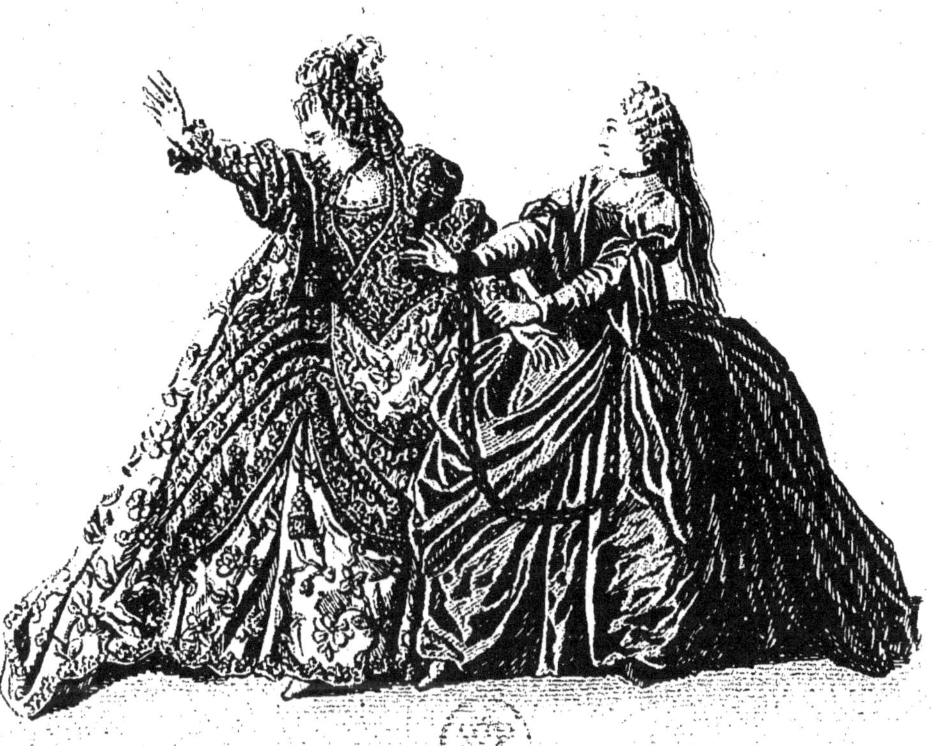

Clytemnestre.   Electre.

C. Ta bouche est de mon sort l'interprète funeste ?
Tu n'en a que trop dit, l'un des deux est Oreste ?

Septième Lettre.

Mademoiselle Dumesnil (1).

L'emploi d'Adrienne Lecouvreur, dont le théâtre français déplorait la perte, bien qu'occupé par madame Balicour, était vacant lorsque mademoiselle Dumesnil fut admise à le remplir.

Elle arrivait de Strasbourg, où, quoiqu'elle n'eût que vingt-quatre ans, elle jouait depuis plusieurs années les premiers rôles. Elle débuta à Paris le 6 août 1737, dans l'emploi des mères, et montra dans les rôles de *Clytemnestre*, de *Phèdre* et d'*Elisabeth*, un talent si extraordinaire, qu'après deux mois d'essai elle fut reçue actrice en pied : dès le premier jour, elle

(1) Née à Paris, en 1713, morte à Boulogne-sur-Mer en 1803.

avait pris sur la scène la place dont elle n'a pas été dépossédée depuis.

L'admirable justesse avec laquelle elle saisit le rôle de *Mérope*, que Voltaire lui confia en 1743, l'éleva bientôt au-dessus d'elle-même. Jamais on n'allia tant de pathétique à tant d'énergie; jamais on n'a porté plus haut l'art de faire pleurer et de faire trembler tout ensemble.

C'est à la nature plus qu'à l'étude que mademoiselle Dumesnil était redevable de ces grands effets; elle ne devait qu'à ses inspirations ce que d'autres obtenaient par des combinaisons. Il n'en était pas de son jeu comme de celui des anciennes actrices, comme de celui de la Champmelé ou de la Duclos, dont tous les tons étaient notés, dont tous les mouvemens étaient réglés, dont les pas mêmes étaient comptés d'avance. Dumesnil jouait d'instinct; et c'est par cela même qu'elle était supérieure dans toutes les situations où la passion domine, et où les personnages du rang le plus élevé obéissent, en dépit d'eux, aux impulsions de la nature.

Avant mademoiselle Dumesnil, une reine de théâtre, emprisonnée dans sa dignité, osait à peine marcher sur la scène. La tradition exigeait que, dans toutes les circonstances, ses mouvemens fussent mesurés et cadencés; elle ne permettait pas même que, pour voler au secours de son fils, n'eût-elle pas la couronne en tête, une mère en rompît la mesure.

Quelle fut la surprise du public quand il vit *Mérope* bravant, ou plutôt oubliant cette ridicule étiquette, à l'aspect du glaive levé sur *Egiste*, traverser la scène à pas précipités, se jeter entre lui et *Poliphonte*, entre lui et les soldats, l'œil en pleurs, la pâleur sur le front, les bras tendus vers le tyran, et s'écriant d'une voix sanglotante : *Arrête...... il est mon fils!* C'est dans l'ivresse d'une émotion qu'il n'avait pas connue jusqu'à ce jour alors, qu'il proclama Dumesnil *la première des tragédiennes*.

Cette actrice entrait si profondément dans le sentiment de ses rôles, qu'en les jouant les larmes la gagnaient; elle se croyait réellement le personnage qu'elle représentait. Elle l'était pour le public comme pour elle-même; illusion dont le fait suivant vous fera connaître la puissance.

Avant que le théâtre eût été débarrassé des banquettes où certains spectateurs venaient se donner en spectacle, un jour où mademoiselle Dumesnil jouait, dans *Rodogune*, le rôle de *Cléopâtre*, elle se sent frappée d'un violent coup de poing dans le dos au moment où elle prononçait ce vers :

Je maudirais les Dieux, s'ils me rendaient le jour.

C'était un témoignage d'admiration que lui donnait un vieux militaire qui s'écriait tout en la battant : *Va-t'en, chienne, à tous les diables.* Loin de se fâcher de cet applaudissement tant soit peu brutal, la tragédienne l'en remercia ; et elle avouait que jamais battement de mains ne lui avait fait tant de plaisir. Au fait, si les applaudissemens valent en raison de la sincérité du sentiment qui les accorde, il en est peu qui vaillent celui-là.

Mademoiselle Dumesnil était en tout l'opposé de mademoiselle Clairon, qui régna près d'elle sans être pourtant son égale. Celle-ci pensait que, pour se conserver les moyens de faire illusion à la scène, une actrice devait peu se montrer à la ville, et surtout ne s'y montrer que parée de toutes les ressources que peut fournir la toilette. Aussi, dans la société, et même chez elle, s'enveloppant d'une majesté factice, ne jouait-elle qu'un personnage composé. Loin de recourir à ces artifices, abdiquant après la représentation toutes ses couronnes, mademoiselle Dumesnil était dans les habitudes de la vie ce que la nature l'avait faite.

Hors du théâtre, sa toilette était des plus bourgeoises, et elle n'y changeait même rien pour venir aux répétitions d'apparat, où mademoiselle Clairon ne se montrait que dans les négligés les plus élégans.

Un jour, on devait répéter le *Comte d'Essex* pour

les débuts de M. Larive, que *la reine de Carthage* avait pris sous sa protection; et les nombreux auditeurs admis à cette répétition, ne purent s'empêcher de rire en voyant la reine d'Angleterre se présenter en casaquin et en cornettes, comme une vraie bonne femme. Mais cette bonne-femme disparut bientôt : à peine eût-elle prononcé quelques vers, on ne vit plus en elle qu'une souveraine; cet objet de risée devint un objet d'admiration, et la rivale de Dumesnil elle-même, entraînée par le mouvement général, fut contrainte de joindre ses applaudissemens à ceux que la puissance du talent dénué de tout appui étranger, arrachait ou surprenait à un auditoire qui n'était rien moins que bénévole (1).

Le talent de mademoiselle Dumesnil n'a pas été d'une petite utilité à Voltaire. Mais Voltaire ne fut pas d'une petite utilité à mademoiselle Dumesnil. Dans le temps où elle étudiait le rôle de *Mérope*, qu'elle joua d'original, Voltaire, qui dirigeait les répétitions

(1) Mademoiselle Clairon semblait être encore pleine de cette impression, quand elle écrivait dans ses Mémoires : « Pleine de chaleur, de pathétique, rien ne fut jamais plus » touchant que mademoiselle Dumesnil dans le désordre et le » désespoir d'une mère. *Le sentiment de la nature la rendait* » *presque toujours sublime.* »

de cette pièce, trouvant qu'elle ne mettait pas assez de chaleur dans ses invectives contre *Polyphonte*, l'en reprit avec quelque vivacité, en lui indiquant le ton qu'il fallait prendre. « Mais il faudrait avoir le diable au corps pour arriver à ce ton-là. — Eh! vraiment oui, Mademoiselle, sans avoir le diable au corps, on ne peut être ni bon poëte ni bon comédien! » Elle l'eut.

Guidée par le génie de Voltaire et par son instinct, mademoiselle Dumesnil s'éleva dans ce rôle au plus haut degré de perfection où jamais elle soit parvenue. Le talent qu'elle y montra fut si sublime et si universellement reconnu, que les ennemis de Voltaire s'en prévalurent contre le grand poëte : « *Les représentations de Mérope*, disait Fontenelle, *ont fait beaucoup d'honneur à M. de Voltaire, et l'impression à mademoiselle Dumesnil.* » Aux rôles cités plus haut, comme ceux où mademoiselle Dumesnil excellait, il faut ajouter ceux de *Jocaste*, d'*Agrippine*, de *Sémiramis* et d'*Athalie*. Elle y était inimitable.

Je dois en convenir, mon neveu, elle ne portait pas l'observation du costume aussi loin que mademoiselle Clairon. Ses habits ne manquaient pas cependant d'une certaine magnificence. Dans le rôle de la reine de Babylone, par exemple, elle avait une robe de velours cramoisi, garnie en hermine ainsi que la

BRIZART. Mlle DUMESNIL.

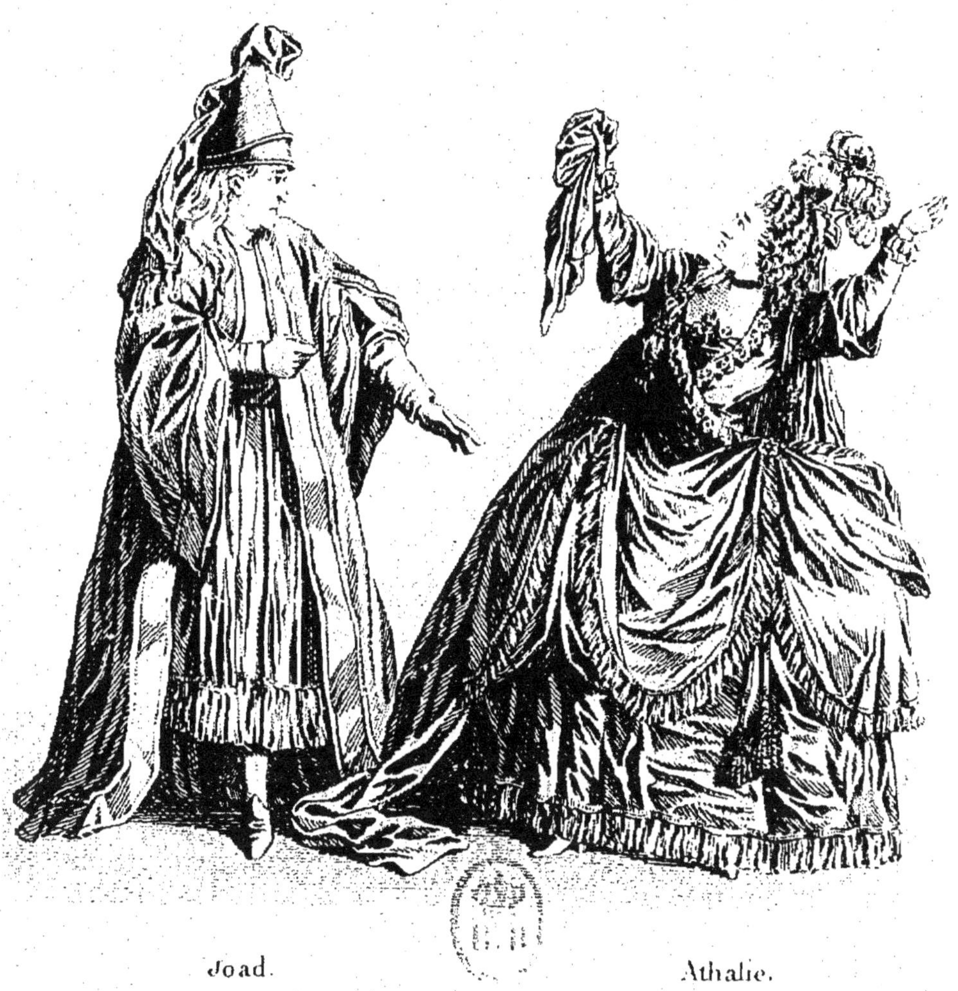

Joad. Athalie.

A. *Cet enfant ce trésor qu'il faut qu'on me remette*
Où sont-ils?
J. *Sur le champ tu sera satisfaite.*

jupe; son corset était orné de nœuds en diamans; elle portait au col un carcan de diamans, et à ses oreilles deux girandoles de diamans, comme à Versailles les dames de la cour. Cela était si royal, que si, au lieu d'être coiffée en cheveux, comme les convenances l'exigeaient, elle eût mis avec cet habit le bonnet monté, les rubans ponceau et la coiffe de dentelle noire, on l'eût prise pour la reine alors régnante (1).

Son costume dans Athalie était encore plus majestueux peut-être. Le velours et le satin n'y étaient pas épargnés, et la richesse de ces étoffes était encore relevée par les broderies d'or dont elles étaient chargées (2). Reine des juifs, l'actrice n'oubliait pas de mettre une couronne rayonnante, à l'imitation de celle du roi David, du roi Hérode, ou de la reine de Saba, et d'y joindre un panache de plumes d'autruche, dépouilles d'un oiseau d'Afrique.

Comme t[illegible]s les acteurs tragiques à cette époque, mademoiselle Dumesnil quittait quelquefois le cothurne pour chausser le brodequin. Mais c'est des rôles graves, tels que celui de la Gouvernante, dans la pièce de ce nom, qu'elle se chargeait. Apportant

(1) Marie Leksinska, fille du roi Stanislas et femme de Louis XV.

(2) Voyez la gravure en regard.

dans la comédie sa qualité dominante, elle y tirait aussi des larmes par la vérité de son jeu. Je me rappelle, à cette occasion, un fait que je veux consigner ici :

Un jour, en 1774 ou 1775, dans *Ésope à la cour,* où elle jouait la mère de *Rhodope,* rôle très-court, mais auquel elle donnait une grande importance, celle de son talent; après avoir dit avec une bonhomie tout à la fois plaisante et touchante à Esope, à qui elle se plaint de la misère où la laisse sa fille, qui nage dans les richesses :

J'ai loué cet habit pour paraître un peu brave,

elle prononça avec un accent si vrai, si touchant, cet autre vers :

Pour m'avoir méconnue en suis-je moins sa mere?

que tous les spectateurs se mirent à sangloter avec elle. Mais rien n'était égal à l'impression que cet accent produisit sur un jeune homme adolescent encore. A la vivacité avec laquelle il avait senti la simplicité sublime de cette grande actrice, à la sagacité avec laquelle il analysait les beautés de son jeu, il me sembla doué d'une âme et d'un esprit peu ordinaires, et appelé lui-même à marquer comme auteur dramatique dans la génération qui se formait. Mais il avait une constitution faible : sa voix frêle annonçait une poitrine délicate. Aura-t-il survécu long-temps à notre rencontre (1)?

Mademoiselle Dumesnil n'était pas une actrice sans défauts : on pouvait lui reprocher dans ses gestes quelque brusquerie, et dans ses mouvemens un abandon qui tenait quelquefois de la négligence; sa voix, quand le sentiment ne l'amollissait pas, n'était pas exempte de dureté. Mais ces défauts ne faisaient que plus ressortir ses qualités quand elle rencontrait des situations ou des sentimens propres à en provoquer le développement; et le parterre préférait cette intermittente sublimité à la perfection soutenue de mademoiselle Clairon, dont le seul défaut était de n'en pas avoir.

Malgré les éloges qu'il prodiguait à mademoiselle Clairon, Voltaire lui-même semble lui avoir préféré mademoiselle Dumesnil. Une actrice de province lui demandant de qui elle devait prendre conseil pour étudier un grand rôle tragique : — « Consultez, lui

(1) Il serait assez singulier que ce jeune homme fût M. Andrieux, sur qui le talent de mademoiselle Dumesnil produisit un effet à peu près semblable, ainsi qu'il le raconte lui-même dans une des notes dont il a enrichi les mémoires de mademoiselle Clairon. Notre oncle alors ne serait pas un faux prophète.

» dit-il, la bonne Dumesnil; mademoiselle Clairon » mettrait dans ce rôle une dignité tudesque qui ne lui » convient pas. » En effet, la dignité de mademoiselle Clairon ressemblait un peu à celle des barons de l'empire germanique. En scène, elle avait les trente-deux quartiers.

Après avoir fait près de quarante ans l'ornement de la scène française, la bonne Dumesnil se retira, en 1776, à l'âge de soixante-deux ans.

M. de La Harpe, qui savait mieux parler des acteurs que les faire parler, et à qui elle n'avait pas rendu un petit service en se chargeant, dans *Warwik*, du rôle de *Marguerite d'Anjou*, lui adressa, dans sa reconnaissance, et ce n'était pas son péché d'habitude, des vers dont j'ai pris copie. Comme les caractères distinctifs du talent de mademoiselle Dumesnil y sont saisis avec justesse, et qu'ils sont tournés avec grâce et facilité, je crois, mon neveu, vous faire plaisir en vous les envoyant (1). Ils couronneront le portrait que j'ai esquissé.

(1) Ces vers, dignes des éloges que l'oncle leur donne, ont été recueillis dans les *OEuvres de La Harpe*.

A MADEMOISELLE DUMESNIL.

1763.

Eh bien ! de tes talens le triomphe est durable,
Et le temps n'a point effacé
Ce caractère inaltérable
Qu'en toi la nature a placé.
L'art ne t'a pas prêté son secours et ses charmes :
A ses heureux efforts souvent on applaudit ;
Souvent il satisfait l'esprit.
Mais avec toi l'on pleure, avec toi l'on frémit ;
Ton désordre effrayant, tes fureurs, tes alarmes,
Et tes yeux répandant de véritables larmes,
Ces yeux qui de ton âme expriment les combats,
L'involontaire oubli de l'art et de toi-même,
Voilà ta science suprême,
Que tu n'as pas acquise et qu'on n'imite pas.
D'un organe imposant la noblesse orgueilleuse,
Avec précision des gestes mesurés,
D'un débit cadencé la pompe harmonieuse,
Des silences frappans, des repos préparés,
Sans doute, avec raison, peuvent être admirés.
J'estime une adroite imposture,
J'en vois avec plaisir le charme ingénieux,
Et j'admets, après la nature,
L'art qui la remplace le mieux.
Mais je ne vois qu'en toi disparaître l'actrice :
Je te crois Clytemnestre et je déteste Ulysse,
Tu me fais partager ta profonde douleur ;
Tu fais gémir mon âme et palpiter mon cœur.

Poursuis et règne encor sur la scène ennoblie,
Elle assure à ton nom un éclat éternel.
Il n'est rien de sublime, il n'est rien d'immortel
Que la nature et le génie!

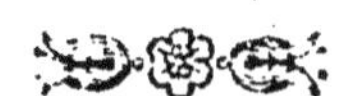

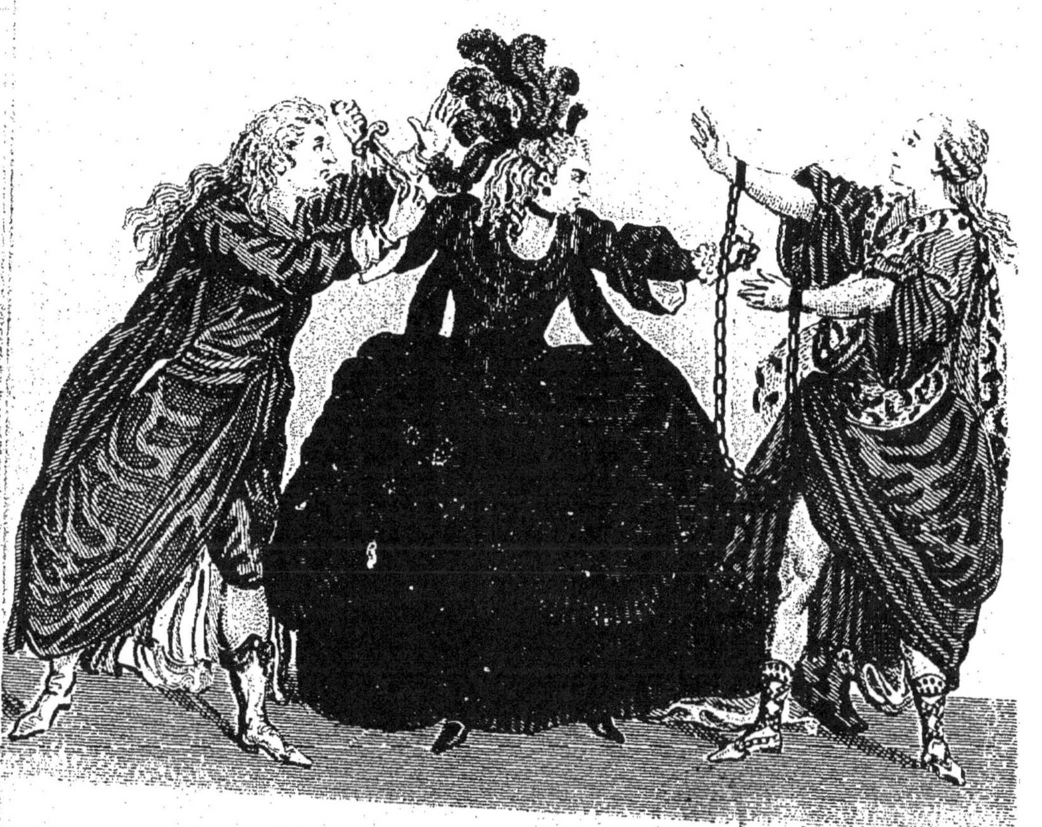

BRIZART.
Melle DUMESNIL.
MOLÉ.
Narbas.
Mérope.
Egiste.
M. *Meure Traitre*
N. *arretez*
E. *ô mon père*
Mérope.
Acte III. Scène 4

Huitième Lettre.

Molé (1).

Cet acteur, qui n'avait que neuf ans de moins que Bellecour, débuta presque en même temps que lui. Fils non pas d'un peintre, mais d'un graveur, il avait préféré aussi la gloire du théâtre à celle qu'il pouvait acquérir dans la profession de son père.

Son nom de famille était Molet, nom moins héroïque que celui de Molé, qu'il emprunta, et à la faveur duquel il semblait descendre d'un héros du temps de la Fronde. Mais comme il n'a pas été reconnu pour tel par la famille de cet illustre magistrat, et qu'il n'a fait à ce sujet aucune réclamation, ne voyons en ceci qu'une faute d'orthographe. Ce n'est

(1) Né à Antoni, près Paris, en 1734, mort en 1802.

peut-être pas la seule qu'ait faite cet acteur, qui avait toutes les manières d'un homme de cour.

Molé avait à peine vingt ans quand il parut pour la première fois sur le Théâtre-Français. Il avait fait ses études dramatiques sur l'un de ces théâtres de société qu'on rencontrait alors dans tous les quartiers de la capitale. Il s'essaya dans les deux genres. On lui trouva de la chaleur et de la grâce, du sentiment et de l'intelligence; mais sa voix était faible, sa déclamation ampoulée. On lui donna des encouragemens, tout en l'engageant à aller se perfectionner ailleurs; ce qu'il fit.

Cela se passait vers la fin de 1754. Six ans après, au commencement de 1760, il fut admis à un second essai dans les rôles de *Britannicus* et d'*Egyste* (1). Ses défauts s'étaient modifiés, ses qualités s'étaient fortifiées; on lui pardonna la faiblesse de sa voix en faveur de la pureté de sa diction; et, bien que cette fois, loin de pécher par exagération, il se fût montré un peu froid, sans doute par suite de la crainte que lui inspirait un tribunal qui déjà l'avait jugé sévèrement, il fut accueilli du public avec bienveillance, et reçu par les comédiens pour jouer les troisièmes rôles dans la tragédie et dans la comédie; car, ainsi que je vous

(1) Voyez la gravure en regard de la page 69.

MOLÉ. PRÉVILLE.

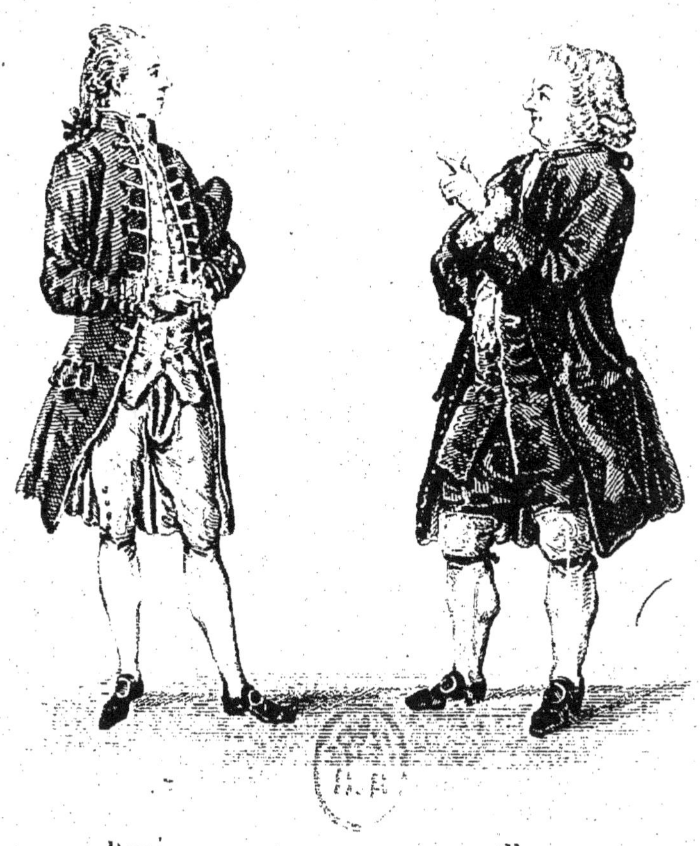

Damis Eraste.

Eraste vous êtes un Censeur

Scene 2

l'ai dit, tous les acteurs faisaient alors ce double service.

On reconnut bientôt que ce jeune homme était en état de jouer les premiers rôles. Grandval et Bellecour lui laissaient rarement l'occasion de les remplacer; mais il trouva dans son emploi des rôles où il fit voir ce qu'il était en état de faire, tels que le *Marquis* dans le *Dissipateur* (1), et *Darvianne* (2) dans *Mélanide*, de La Chaussée. Des auteurs, cependant, l'employaient dans des pièces nouvelles, et lui ménageaient ainsi les moyens de se produire sans avoir de comparaison à supporter.

Sa grâce et sa vivacité dans le rôle de *Lindor*, personnage d'une petite comédie de Rochon de Chabanes (*Heureusement*), achevèrent de lui concilier, dès 1762, cette faveur que le public ne lui a jamais retirée. Dans ce rôle, que l'auteur voulait confier à une femme, Molé tourna toutes les têtes, et fit venir tout Paris à cette pièce, en elle-même assez médiocre.

Il eut plus de succès encore dans le *Galant Coureur* (3) et dans le *Cercle*, où il fut chargé du rôle du *Colonel*. Saisissant les ridicules de la jeune noblesse,

(1) Voyez la gravure en regard.

(2) Voyez la gravure page 37.

(3) Voyez la gravure page 72.

il les reproduisit dans cette pièce avec la vérité la plus piquante. Mais comme cette vérité était alliée à beaucoup de grâce, il leur donna plus de crédit, et devint dans ce rôle, le modèle de ceux dont il s'était fait la copie. Au lieu de se corriger, les petits-maîtres venaient l'étudier, et ils se perfectionnaient d'après lui.

Peu après, Molé eut l'occasion de reconnaître à quel point il était cher à la belle société. Une fluxion de poitrine ayant mis ses jours en danger, tout Paris fut en peine. On semblait menacé d'une calamité publique. Les voitures se succédaient sans relâche à la porte du malade. On ne laissait reposer ni sa sonnette ni son marteau. Chaque soir, au théâtre, le parterre demandait de ses nouvelles. Le roi lui-même, partageant la publique inquiétude, envoya à l'acteur chéri deux gratifications de cinquante louis, attention à laquelle celui-ci fut fort sensible.

Le danger passé, la sollicitude se porta sur [illegible] convalescence : c'était à qui contribuerait au rétablissement des forces de cet homme, auquel les amis des arts ne prenaient pas seuls intérêt. Le bruit s'étant répandu que les médecins lui avaient prescrit, à cet effet, l'usage des vins généreux, Molé reçut en peu de jours plus de deux mille bouteilles des vins d'Espagne, de Grèce ou du Cap, élite des caves de Paris, et qui ne lui furent pas toutes envoyées par des hommes.

PRÉVILLE. MOLÉ.

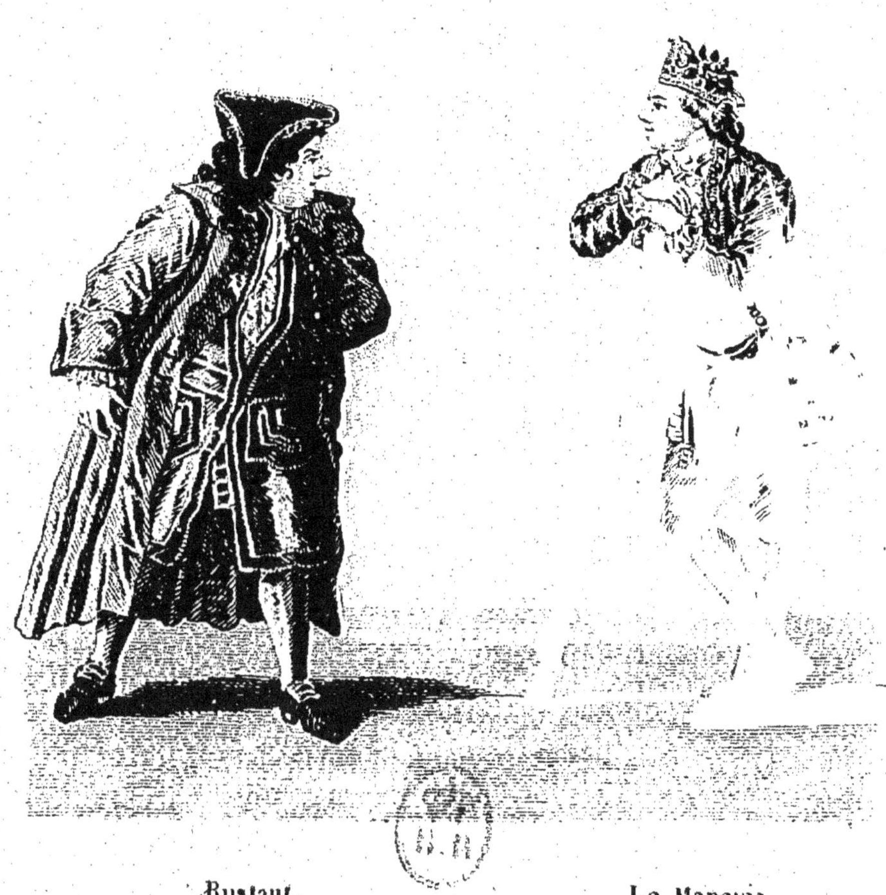

Rustaut. Le Marquis.

R. *Morgué! ça me ferait jurer comme un Charretier*

Le Valet Coureur *Scène 18.*

Bien plus, pour l'indemniser des frais de sa maladie, on voulut qu'il donnât une représentation à son profit. Toutes les places étaient taxées à un louis; toutes furent prises; et telle grande dame qui était venue trop tard pour être placée dans une loge, s'estima heureuse encore de pouvoir applaudir, au paradis, et même au parterre, l'acteur ressuscité. Louis XV lui-même eut, dit-on, la velléité d'assister à cette fête. Mais comme on lui objecta qu'elle avait lieu sur un théâtre bourgeois, et qu'il ne convenait pas à un roi de France d'encourager les arts, par sa présence, ailleurs que sur le théâtre de la cour, il s'en abstint.

Si grande que fût l'impatience qu'on avait de revoir Molé sur la scène, elle n'était pas plus grande que l'impatience qu'il avait d'y reparaître. *Ce ne sera jamais assez tôt pour ma gloire*, disait-il au docteur Bouvard qui le soignait. — *Votre gloire! Monsieur, prenez-y garde*, lui répondit sévèrement le médecin, *on a blâmé plus d'une fois Louis XIV de s'être servi de ce mot : « Ma gloire. »*

D'autres épigrammes se mêlèrent au déluge de madrigaux que cet engouement fit éclore. Nicolet (1) avait un singe qui occupait aussi l'attention des Parisiens :

(1) Le fondateur du théâtre de la Gaîté, nommé alors *Théâtre des Grands-Danseurs du Roi.*

parodiant son rival, cet autre acteur parut en public, le bonnet de nuit en tête, les pantoufles aux pieds, la robe de chambre sur le dos, contrefaisant le convalescent et faisant rire tout Paris par l'exacte imitation d'une pantomime qui, quelques jours auparavant, l'avait fait trembler. Cela donna lieu à des couplets assez malins; on les chanta dans tous les salons (1); mais à peine les entendit-on au milieu du concert de l'allégresse publique. Le bruit de l'orchestre couvrait celui des sifflets.

Comme tous les enfans gâtés, Molé était enclin à la fatuité. Les succès lui tournèrent la tête; ce qu'il feignait d'être auparavant, il le fut; les ridicules qu'il avait imités devinrent en lui des habitudes. Mais il les avait fait aimer, on les lui pardonnait.

Chaque jour, d'ailleurs, il acquérait de nouveaux droits à la prédilection du parterre, par l'heureux emploi d'un talent qui ne se bornait pas à un seul genre.

(1) Voici un de ces couplets, qu'on attribuait au chevalier de Boufflers :

L'animal, un peu libertin,
Tombe malade un beau matin;
Voilà tout Paris dans la peine;
On crut voir la mort de Turenne;
Ce n'était pourtant que Molet
Ou le singe de Nicolet.

La tragédie bourgeoise s'élevait dès-lors entre la tragédie et la comédie : Molé, qui unissait la sensibilité de l'acteur tragique à l'aisance de l'acteur comique, excella facilement dans ce genre. L'impression qu'il fit dans *Béverley* ne peut s'exagérer. Jamais acteur n'a produit d'effets plus déchirans; et, quoique cette composition amphibie répugnât par sa nature aux zélateurs de notre gloire dramatique, les plus sévères eux-mêmes ne pouvaient s'empêcher d'applaudir à cette nouvelle manifestation d'un talent dont ils blâmaient l'emploi.

Mademoiselle Clairon, qui n'était pas prodigue d'éloges, ne put, en cette circonstance, lui refuser les siens. Après la première représentation, se faisant ouvrir d'autorité la loge de Molé, elle se jette à ses genoux; et de ce ton emphatique dont elle ne se défaisait jamais : *Mon ami, je n'ai rien entendu de si beau; vous avez porté l'art à son plus haut degré de perfection.*

Le roi, à cette occasion, fit présent à Molé d'un habit magnifique, en témoignage de satisfaction.

Molé obtint des larmes plus douces dans le *Père de Famille*, où il jouait le rôle de *Saint-Albin*; dans les *Amans généreux*, drame assez triste de Rochon de Chabanes, et dans le *Vindicatif*, autre drame que son talent n'a pas pu cependant maintenir au théâtre.

Un poète doué de beaucoup d'esprit, mais par trop enclin à la présomption, Dorat, eut un jour l'ambition d'occuper seul la scène pendant toute la durée du spectacle, et, qui plus est, de courir ce jour-là les chances d'une double première représentation, celle d'une tragédie et d'une comédie. La tentative était hasardeuse; heureusement pour lui s'était-il appuyé dans ses deux pièces sur le talent de Molé : cette précaution sauva son *Régulus* d'une chute, et assura un succès à sa *Feinte par amour*. Malgré les faux brillans dont elle est semée, et l'afféterie qui d'un bout à l'autre y domine, cette comédie fut applaudie avec transport, et Molé eut encore à se reprocher d'avoir accrédité un des genres qui ont amené la dégradation de la scène française.

En 1778, après la mort de Bellecour, Molé prit possession des premiers rôles dans la comédie. Cette chaleur de jeunesse qu'il conserva toute sa vie, ne nuisit pas à ses succès, même dans les rôles graves. Elle était d'un effet excellent dans le rôle du *Misantrope*, rôle passionné s'il en est, et que Bellecour jouait avec moins d'emportement que d'humeur.

Molé, non-seulement n'échoua pas dans les rôles où Bellecour avait réussi, mais il donna de la vogue à des pièces que ce grand acteur n'avait pu maintenir au théâtre : telles sont le *Méchant* et la *Coquette corrigée*, à la réhabilitation de laquelle mademoiselle Contat, à la vérité, eut aussi une grande part. Le ton de persiflage et les airs du grand monde, que Molé possédait plus que personne, contribuèrent beaucoup encore au succès du *Séducteur*, pièce écrite avec esprit, mais faiblement conçue, et qu'on n'eût pas moins froidement accueillie que le *Méchant*, si elle n'avait été protégée par tout le prestige attaché au jeu de Molé. Le *Jaloux* de Rochon de Chabanes, et le *Jaloux sans amour*, d'Imbert, lui durent aussi leur résurrection; car, en dépit du public, Molé s'obstinant à jouer ces deux pièces, le public finit par les applaudir en dépit de lui-même.

Faire l'énumération des rôles joués d'original par Molé, ce serait à n'en pas finir. Bornons-nous donc à citer ceux auxquels il a imprimé un cachet plus particulier, comme celui de *Merval* du *Mariage secret*, personnage où il était si originalement bête; comme ceux de l'*Inconstant*, de l'*Homme aux Châteaux en Espagne*, où il éblouissait par un jeu si brillant; et aussi comme ceux de l'*Optimiste* et du *Vieux Célibataire*, où il montrait une bonhomie qui contrastait si fort avec le caractère habituel de son talent (1).

(1) Ces pièces ont été données après la retraite de Préville. Notre oncle les aura vues dans un des voyages qu'il a faits depuis à Paris.

Il s'était déjà essayé dans un rôle de ce genre, en se chargeant du *Bourru bienfaisant*, après la retraite de Préville, et il y avait été goûté par tous ceux qui n'y avaient pas vu Préville. Quelle différence pourtant de Molé à Préville dans ce rôle, du moins!

Tout ce que l'art peut acquérir, Molé le possédait. Il n'a pas existé d'acteur plus brillant, mais il en a existé un plus vrai, celui que je viens de nommer. Préville était la nature même, Molé n'en était qu'une imitation modifiée. Il y avait de lui à Préville la différence du peintre qui dessine l'homme habillé, au peintre qui dessine le nu, ou qui le fait toujours sentir sous les vêtemens dont il l'enveloppe.

Tout était applaudi dans Molé, et pourtant il avait certaines habitudes qu'on n'aurait pas tolérées dans un autre que lui. Il est certaines consonnes sur lesquelles il glissait toujours. Au lieu de *madame*, il n'a jamais dit que *maame*, ou *mame*. Dans certains passages comme dans ce vers :

Et je ne conçois pas comment ces messieurs font,

en prononçant le mot *et*, il affectait une certaine hésitation qui prêtait peut-être quelque effet à ce vers, mais qui en faisait un vers faux. Or, en poésie, un vers faux est ce qu'un ton faux est en musique.

Il ne faut pas acheter un effet par une faute. Une de ses habitudes était de relever continuellement sa culotte; mais tout cela lui était compté pour des grâces; quand le public prend un homme en gré, il érige en qualités ses défauts mêmes.

On cite de Molé plusieurs traits de fatuité. Le moins plaisant n'est pas celui-ci : Un jeune auteur l'avait prié d'entendre la lecture d'une pièce où il lui destinait un rôle; Molé le rencontrant après avoir manqué à plusieurs *rendez-vous :* « Envoyez-moi votre manuscrit, lui dit-il ; je le lirai à loisir, et je vous en dirai mon avis dans huit jours. » Au bout de huit jours l'auteur va chez l'acteur. Eh bien! ma pièce, l'avez-vous lue? — Si je l'ai lue ! j'ai passé une nuit à la lire. — Et qu'en pensez-vous? — Il y a du bon; mais à parler franchement, c'est un ouvrage *injouable.* — Vous croyez ! — Plan mal conçu, action trainante; de l'esprit dans le dialogue, mais pas de chaleur, pas d'effet; ouvrage à refaire. — Soit. Mais encore, indiquez-moi ses vices; veuillez me guider dans mon travail; veuillez mettre vos observations en marge du manuscrit : il y a de la place, voyez. Et ce disant, il déroule le cahier, et le met sous les yeux de Molé. C'était un cahier de papier blanc.

Molé en avait usé à peu près de même avec Collin d'Harleville. Il garda pendant six mois, sans l'ouvrir, le manuscrit de l'*Inconstant*, que la Comédie-Française lui avait confié, pour l'examiner et en faire un rapport. Il est vrai qu'après avoir pris enfin connaissance de cette pièce, il répara son tort par un zèle infatigable à servir les intérêts de Collin, qui devinrent ceux de sa propre gloire.

Ici finit pour moi la vie de Molé. J'ai bien entendu dire que, dans le cours de la révolution, il avait un peu trop oublié les bontés dont l'avait accablé Louis XV; qu'il avait eu le malheur d'être excepté de l'ordre en conséquence duquel ses camarades ont été incarcérés pendant la terreur; qu'il avait justifié cette odieuse faveur en représentant, sur un théâtre révolutionnaire, le plus hideux des personnages qui aient déshonoré la révolution, Roberspierre même y compris. Mais je ne veux pas trop m'occuper de ces faits. Oublions que Molé a pris un mauvais rôle dans un mauvais acte d'une pièce où il y en a de très-bons, quoi qu'on en ait dit; et c'est dans ceux-là seulement qu'un galant homme aurait dû figurer.

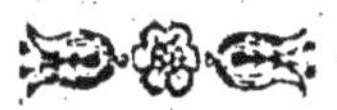

ARMAND. BELLECOUR. DAUBERVAL.

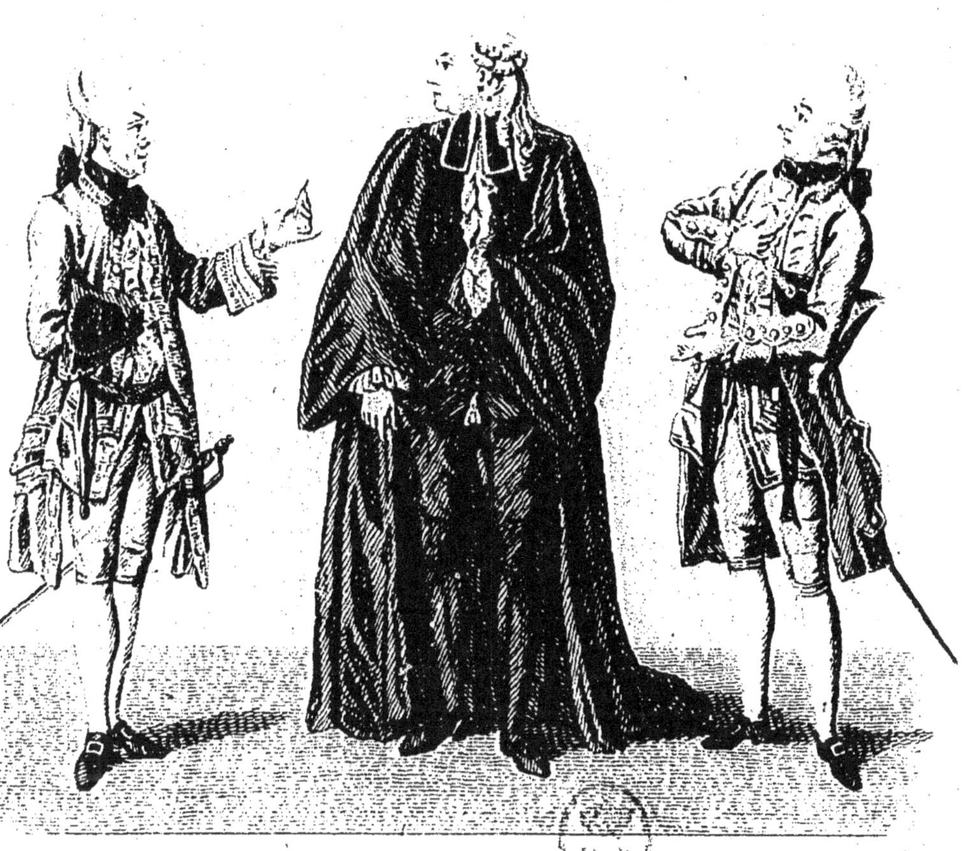

M^r. de Verdac. Ariste Desquivas.

V.......................Que le diable m'enchante
Si dans tous ces bois là qu'on vante tant
On trouverait de quoi se faire un curedent.

Neuvième Lettre.

Armand (1).

Quand Préville fut appelé à recueillir la succession de Poisson, Armand partageait avec ce dernier l'emploi des valets, ou plutôt il était en possession de la partie de cet emploi qu'on désigne par le nom de *grande livrée*.

Quelle est la ligne de démarcation qui sépare le domaine des *grandes livrées* de celui des *comiques?* Je crois, mon neveu, qu'elle est tout aussi incertaine que celle qui sépare le domaine des *reines* de celui des *grandes princesses*, autre sujet de dispute aussi. A la comédie comme ailleurs, les princes ne sont pas plus d'accord que les valets.

(1) François-Armand Huguet, né à Richelieu en 1699, et mort Paris en 1765.

Armand, qui n'est sorti du théâtre qu'en 1765, y était entré en 1723, comme double de celui des Thorillière, qui avait été camarade de Molière. Armand était le dernier anneau de la chaîne qui liait à celle du siècle de Louis XV la comédie du siècle de Louis XIV, dont il possédait les traditions. Ce n'est pas sous ce rapport seulement qu'il était précieux pour le Théâtre-Français.

La franchise et l'originalité de son jeu l'avaient fait chérir du public que divertissaient aussi les saillies de son humeur joviale. Citons-en une entre mille:

Peu après son début, jouant dans les *Trois Cousines*, pièce de Dancour, qui se termine par un divertissement, Armand avait chanté très-gaîment, dans le vaudeville final, le couplet suivant:

Si l'amour, d'un trait malin,
Vous a fait blessure,
Prenez moi pour médecin
Quelque bon garde-moulin.
La bonne aventure, ô gué!
La bonne aventure!

Le public, redemandant ce couplet, au lieu de le répéter, Armand improvisa celui-ci:

Si l'amour, d'un trait charmant,
Vous a fait blessure,
Prenez pour soulagement

Un bon gaillard comme Armand.
La bonne aventure, ô gué!
La bonne aventure!

La variante fut accueillie par une salve de joyeux applaudissemens, et depuis, Armand l'a toujours substituée au texte original. Dès-lors tout lui fut permis et il se permit tout : facétieux par nature autant que par calcul, il s'étudiait à trouver chaque jour de nouvelles caricatures, dans lesquelles il reproduisait souvent les ridicules de personnages connus.

Il portait le talent d'imitation à un tel degré de perfection, qu'*Alborghetti,* le Pantalon de la Comédie-Italienne, se voyant contrefait par lui dans je ne sais quelle pièce, s'écria : *Si je ne me sentais pas au parterre, je me croirais sur le théâtre.*

Malgré toute sa franchise, excellant dans les rôles de fourbes comme dans les rôles ingénus, il n'était pas moins bien placé dans *Labranche* de *Crispin rival de son maître*, ou dans *Dave* de l'*Andrienne*, que dans *Fabrice* de l'*Ecossaise*, et dans *Lubin* de la *Surprise de l'amour.*

Armand est représenté ici (1) en scène avec Bellecour et Dauberval (2), dans le *Procureur arbitre*, où

(1) Voyez la gravure en tête de cette lettre.

(2) Acteur moins recommandable par son talent que par son infatigable complaisance.

il jouait le rôle de *M. de Verdac*, au moment où il débitait ces vers :

> Que le diable m'emporte,
> Si dans tous ces bois-là qu'il ose vanter tant,
> On trouverait de quoi se faire un curedent!

On ne saurait imaginer un masque plus comique.

Entraîné, comme depuis le fut Préville, vers le théâtre par un penchant irrésistible, ce n'est qu'après avoir mené quelque temps une vie aventureuse, entre la misère et la gaité, qu'Armand était monté sur la scène. D'abord enfant de chœur, puis clerc de notaire, puis associé à une bande de pélerins, il avait psalmodié des antiennes au lutrin et des cantiques dans les carrefours, avant de fredonner des vaudevilles à la Comédie-Française.

Armand n'était pas, à beaucoup près, dénué de préjugés; mais les siens ne nuisaient ni à autrui, ni à lui-même. Tenant la rencontre d'un bossu pour un augure favorable, dès qu'il en rencontrait un, il courait prendre un billet de loterie. Il gagna un jour, sous cet auspice, 8,000 f.; aussi disait-il que le bossu qui lui avait valu cette aubaine *était le plus beau bossu du monde*.

Tous les bossus pourtant n'étaient pas aussi bien dans ses papiers: un de ces messieurs, qui n'avait pas l'esprit mieux tourné que la taille, se plaisait à le harceler de ses sarcasmes pendant qu'il était en scène, se plaçant, pour mieux se faire entendre, dans une loge voisine du théâtre. Qu'imagine Armand pour se venger et se débarrasser tout à la fois de ce difforme et hargneux détracteur? Il loue la loge, qui était de huit places, distribue sept de ses billets à sept bossus qu'il va recruter dans tous les coins de Paris, et fait tenir la huitième place en réserve pour le bossu qui d'ordinaire l'occupait. On se figure aisément la gaité du public à l'aspect d'un si singulier rassemblement : elle croissait à mesure que la loge se remplissait, et fut portée à son comble quand le héros de la fête vint prendre séance au milieu de ses pairs, dans cette loge où depuis il n'osa plus se montrer.

Plus d'une femme, à ce qu'il paraît, avait mis en pratique le conseil qu'Armand avait donné à tout le sexe, dans le couplet transcrit plus haut, car il a eu cinquante-cinq enfans, et sur ce nombre, il n'en comptait que deux de légitimes. Son plaisir était de les réunir à sa table une fois tous les ans, le jour de sa naissance. En 1730, il se trouvait déjà trente-sept convives de cette espèce à cette fête de famille, et pourtant leur père commun n'avait que trente-et-un ans.

La vie d'Armand n'avait été qu'une série de scènes comiques : les moins bizarres ne sont pas celles qui terminèrent cette longue farce. Comme il avait beaucoup joui de l'existence, il y tenait beaucoup; aussi n'en vit-il pas approcher le terme sans une terreur qui s'augmentait en proportion de l'affaiblissement de sa tête. Il ne se couchait pas alors sans mettre auprès de lui une épée nue pour tuer la mort quand elle viendrait pour le tuer.

Malgré cette précaution, la mort triompha de lui l'année même où il avait quitté le théâtre. Armand passa de ce monde dans l'autre, vingt-deux ou vingt-trois ans plus tôt que le maréchal de Richelieu, dont il était le filleul, et de qui il tenait le nom d'Armand, qu'il portait, par reconnaissance, préférablement à son nom de famille.

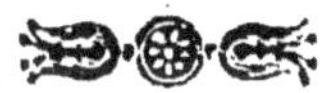

LARIVE

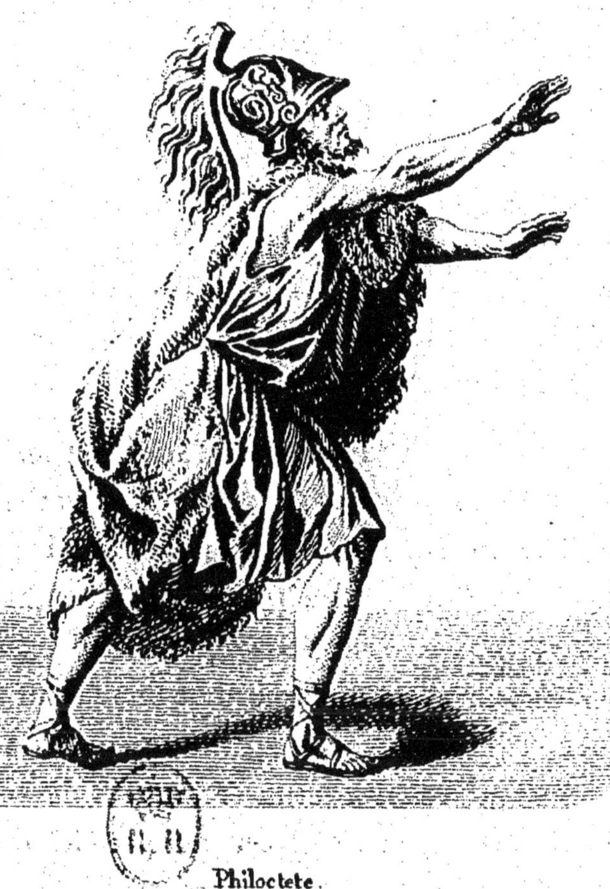

Philoctete.

ayez, ayez pitié
D'un malheureux du monde et des dieux oublié

Dixième Lettre.

Larive (1).

Encore dans la force de l'âge, et triomphant de toutes les préventions, de tous les obstacles, Lekain avait atteint l'apogée de sa réputation et de son talent, quand, le 3 septembre 1771, on vit paraître le sieur Larive dans le rôle de *Zamore*. Cet acteur, à qui mademoiselle Clairon accordait une faveur très-marquée, et qu'elle produisait même comme son élève, devait, à l'en croire, éclipser tous ses devanciers, et, du premier saut, se placer au premier rang. Il entrait à la vérité dans la carrière avec de grands avantages. Une figure noble, une taille superbe, une voix sonore et flexible, et d'une intensité rare, tels sont

(1) Né en 1749, à la Rochelle; mort en 1827, à Montlignon, près Montmorency.

les dons qu'il tenait de la nature. « Allons, M. de Larive, lui disait sa fière institutrice, en lui faisant répéter un rôle devant une grande dame, votre extérieur est fort beau; montrez à madame la duchesse que votre intérieur ne le cède en rien à votre extérieur. »

Je ne sais ce que pensa madame la duchesse de cet intérieur, dont mademoiselle Clairon paraissait satisfaite; mais je sais que le public n'y trouva rien de merveilleux. Après avoir vu M. Larive jouer les premiers rôles dans *Alzire*, *OEdipe*, *le Comte d'Essex*, et les deux *Iphigénies*, il renvoya ce débutant à des études qu'il avait besoin de reprendre.

Si de prime-abord M. Larive n'obtint pas plus de succès, ce ne fut pas la faute de mademoiselle Clairon. Placée dans le trou du souffleur, de là elle avait dirigé son élève des yeux, de la voix et du geste. Blessé d'une indifférence qui lui parut une injustice, cet autre Achille se retira dans sa tente. Mais au bout de trois ans, il en sortit, et, le 3 avril 1775, courut les chances d'un nouveau début.

Soit que des études plus approfondies eussent donné à ses facultés tout leur développement, soit qu'elles ne fussent plus paralysées par un excès de timidité, en supposant que cet acteur en ait jamais éprouvé, il fut assez applaudi dans *Iphigénie en Tau-*

ride, où il jouait le rôle d'*Oreste*, pour que la Comédie le jugeât digne de doubler Lekain.

Il s'en fallait pourtant de beaucoup qu'il eût la sensibilité et l'intelligence de ce grand acteur. Mais à défaut des qualités qui émeuvent les esprits et les cœurs, il possédait celles qui étonnent les oreilles et les yeux. Il produisait sur l'homme physique les effets que Lekain produisait sur l'homme moral.

Jamais Larive n'a émis un de ces accens qui vont à l'âme; jamais il n'a fait couler une larme, car il n'en a jamais versé; impuissance qui frappait d'autant plus, que Monvel, qui débuta vers la même époque, se faisait remarquer sous des rapports opposés, et renfermait dans un corps chétif une sensibilité exquise. Mais Larive en imposait à la multitude par des gestes étudiés, par une déclamation redondante et retentissante, par des éclats de voix, par des mouvemens de bras, par des attitudes qui étaient moins d'un comédien que d'un prédicateur et d'un maître d'escrime. Pas de profondeur, pas de simplicité, mais de l'apprêt, mais du brillant, mais ce qui éblouit les gens qui ne sentent ni ne réfléchissent, et c'est le grand nombre.

Quoi qu'il en soit, M. Larive était désigné comme héritier présomptif du sceptre tragique; sceptre que Lekain semblait devoir garder encore long-temps, quand ce grand acteur fut emporté tout à coup par une maladie violente, à l'âge de quarante-neuf ans.

L'événement qui livra les premiers rôles à M. Larive ne fut pas d'abord un bonheur pour lui. Le souvenir de Lekain lui fut long-temps plus redoutable que ne l'avait jamais été sa présence. Plusieurs années se passèrent sans qu'il pût soutenir la comparaison avec cette ombre; et pendant ces années, la scène tragique fut déserte; non qu'on fût dégoûté des chefs-d'œuvre, mais parce que les maîtres de la scène avaient perdu leur digne interprète (1).

On ne sifflait pas M. Larive, mais peu de personnes venaient l'applaudir. Les épigrammes ne lui étaient pas épargnées. Les vers suivans circulaient jusque dans le parterre :

Plaignez le malheur qui m'arrive,
Disait Melpomène à Caron :
Lekain non-seulement a passé l'Achéron,
Mais il n'a pas laissé ses talens sur Larive.

Tout a son terme. Les affections les plus vives, les douleurs les plus profondes, se modifient avec le temps.

Quelques rôles nouveaux, et qui n'offraient pas à la prévention l'occasion de faire des rapprochemens entre M. Larive et son prédécesseur, lui avaient

(1) Tel est l'état du Théâtre-Français depuis la mort de Talma.

fait honneur du vivant même de Lekain, dans *Zuma*, dans *Pierre-le-Cruel*. On s'en souvint quand on lui vit jouer d'original aussi les rôles de *Montaigu*, de *Montalban* et de *Fayel*, dans les tragédies de *Roméo et Juliette*, de *la Veuve du Malabar* et de *Gabrielle de Vergy*.

Mieux vaut goujat debout qu'empereur enterré.

Entré petit à petit dans l'affection publique, M. Larive finit par l'obtenir presque au même degré que l'avait obtenue Lekain : on ne la lui accorda pas toutefois au même titre. Au plus fort de la faveur dont il a joui, son talent était plus applaudi qu'estimé.

Sous la protection de ces succès, M. Larive fut même accueilli enfin dans les rôles de Lekain. On finit par le louer d'une audace qu'on avait d'abord qualifiée de témérité.

Malgré mon admiration pour Lekain, j'avoue que son successeur mérita les applaudissemens qu'il reçut dans les rôles de *Ladislas*, de *Rhadamiste*, de *Bayard*, de *Gengis-Kan*, de *Spartacus*, qui exigent surtout de la fierté et de l'énergie; mais si on l'y voyait avec plaisir, ce n'est qu'avec peine qu'on le tolérait dans ceux où domine la sensibilité, dans ceux auxquels Lekain avait imprimé un caractère si particulier, tels que

Vendôme, *Tancrède*, et surtout *Orosmane*, rôle que M. Larive s'obstinait à jouer, rôle où il était à peine supportable, et où Lekain était admirable.

Quoi qu'il en soit, M. Larive, qui se regardait comme un acteur incomparable, réussit à passer pour tel. Il était encore en possession du sceptre tragique quand la révolution qui mit la tragédie dans les rues, et détrôna jusqu'à nos rois de théâtre, amena la destruction du Théâtre-Français, et l'incarcération des sujets qui ne s'en étaient pas détachés lors du démembrement de cette société que la mémoire de son fondateur, la mémoire de Molière, ne protégea pas contre la fureur des Vandales à qui la France était alors asservie.

En tête des rôles qui ont fait le plus d'honneur à M. Larive, il faut mettre *Coriolan*, et surtout *Philoctète* (1). Il y était vraiment beau. Il y exprimait avec beaucoup de noblesse cette douleur physique dont les accès sont si tragiques dans la situation où se trouve un héros, qui, abandonné à lui-même, est aussi trahi par ses forces : c'est le comble de l'infortune.

Après ces rôles, celui où il brillait le plus à mon gré, c'est le rôle du maître en fait d'armes, dans le

(1) Voyez la gravure en regard de la page 87.

Bourgeois gentilhomme. Comme tous ses avantages physiques s'y développaient, comme il n'avait besoin que de se montrer pour y être applaudi, il aimait à se produire dans ce personnage, où Lekain, sans contredit, eût été moins bien placé. Lekain n'avait pas la jambe si bien faite que M. Larive.

M. Larive était extrêmement avide d'applaudissemens. S'il mettait tous ses efforts à les mériter, il mettait tous ses soins aussi à se les assurer. C'était peu pour lui d'avoir le plus beau rôle d'une pièce, il voulait encore y avoir les plus beaux vers; et quand aux répétitions il en découvrait un qu'il n'avait pas remarqué dans l'examen préalable qu'il avait fait du manuscrit, il n'hésitait pas à le réclamer de l'auteur, comme chose à lui appartenante; et si l'auteur ne faisait pas droit à la requête, entrant en négociation avec l'acteur dans le rôle duquel se trouvait le vers, il le lui marchandait, et en offrait un prix d'autant plus haut, que le camarade y tenait davantage. Il est tel vers dont M. Larive a offert jusqu'à un louis. Au reste, comme il gagnait beaucoup d'argent à courir la province, il était en état de fournir à cette dépense.

M. Larive était un homme altier, humoriste, difficile à vivre. Il s'accordait mal avec sa société, avec laquelle il avait été plusieurs fois au moment de rompre. Des désagrémens qu'il éprouva, à ce que l'on m'a dit, dans le rôle d'*Orosmane*, le déterminèrent à se retirer, en 1788, après vingt ans de service. J'appris cette nouvelle sans étonnement, comme j'appris sans étonnement aussi que, deux ans après, se mettant aux gages de ses anciens associés, il s'était arrangé pour reparaître sur la scène française à tant par représentation. Il aimait l'argent; mais il tenait à le gagner; et il était, au fait, homme d'honneur.

Vers 1800, après avoir quitté le théâtre, où il était remonté à plusieurs reprises, on dit qu'il se retira à sa campagne, où, par suite de la manie qu'il avait de jouer les premiers rôles, il se fit nommer maire de son village. Tout considéré, il a bien fait : cette magistrature paternelle peut être briguée par un honnête homme. Consacrer ses derniers jours à maintenir l'ordre et la paix, même dans un village, c'est finir honorablement sa vie, c'est finir en sage.

M. Larive fut moins sage quand, négligeant ses fonctions de maire, il est allé remplir en Italie, auprès d'un roi, celle de lecteur. César disait qu'il aimerait mieux être le premier dans un village, que le second dans Rome. César n'eût pas quitté la première magistrature de Monlignon (1) pour aller se faire courtisan à Naples. M. Larive avait joué César, mais il ne l'a jamais été.

A M. Larive a succédé le jeune Talma. J'ai vu une fois ou deux cet acteur. Joli sujet : il promettait (2).

(1) Village de la vallée de Montmorency, où Larive avait une campagne, et où il est enterré.

(2) Judicieux pronostic!

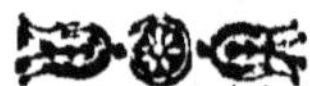

PRÉVILLE. AUGER.

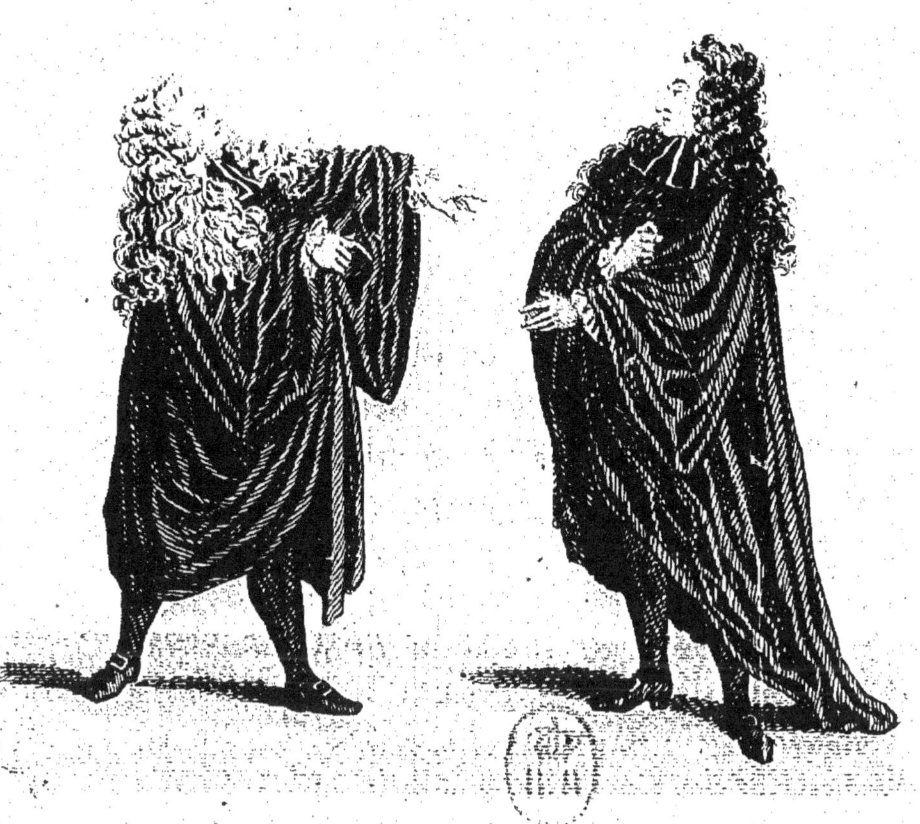

Maitre Sangsue. Maitre Brigandeau.

M.tre S. *Au mois de Juin dernier un mémoire de frais*
Pensa dans un cachot le faire mettre au frais.

Acte III Scène 6

Onzième Lettre.

Auger (1).

Mon cher neveu, parmi les petites gravures qui représentent Préville, recherchez celle où, dans la robe de maître *Sangsue,* il est aux prises avec maître *Brigandeau.* L'acteur qui figure en robe vis-à-vis de lui dans cette scène, est Auger. Quoiqu'il ne fût pas tout-à-fait à la hauteur de Préville, il n'est pourtant pas indigne de l'honneur que lui fit Whirsker en l'admettant dans son petit Panthéon.

Auger s'était fait une réputation assez brillante à Vienne, en Autriche, où il y avait un théâtre français, quand il fut appelé à Paris pour doubler Armand, qui, depuis quarante-cinq ans, jouait à la Comédie-Française les grandes livrées, et les jouait avec un talent supérieur.

(1) Né.... et mort à Paris en 1783.

Auger fut assez heureux pour obtenir la faveur du public, et le suffrage d'Armand lui-même. Après lui avoir vu jouer les rôles de *Dave* dans *l'Andrienne*, de *Labranche* dans *Crispin rival de son maître*, de l'*Olive* dans le *Tuteur* (1) et de *Mascarille* dans *L'Étourdi*, Armand déclara qu'il avait reconnu dans Auger l'homme qui non-seulement devait le continuer, mais le faire oublier. Cependant mademoiselle Clairon proclamait de son côté qu'elle n'avait jamais vu d'acteur montrer dès son début une pareille maturité de talent. Admis aux appointemens dès 1763, un an après, Auger fut reçu sociétaire.

C'était une bonne acquisition. Aux avantages physiques, à une taille haute et proportionnée, à une physionomie agréable dans le repos, mais susceptible, par sa mobilité, de prendre tous les caractères, à un œil des plus expressifs, Auger joignait une grande intelligence: alerte, impudent, insinuant, effronté, il semblait être né fripon. Il ne fut pas néanmoins pour Armand ce qu'avait été Préville pour Poisson; il ne fut pas supérieur à son devancier, qu'il a rarement égalé.

C'était cependant un grand plaisir que de le voir en face de Préville, dont le talent exaltait le sien.

(1) Voyez la gravure en regard.

Quelle verve animait la scène comique, quand, travestis en suppôts de la pratique, ils révélaient par les accusations dont ils s'accablaient réciproquement, le fort et le fin du métier qui engraissait les procureurs, tant au Châtelet qu'au Parlement. L'effet de cette scène ne peut se concevoir; ce n'était pas une imitation, c'était la chose même (1).

Auger fut excellent encore auprès de Préville dans *le Barbier de Séville*, où il joua, dès l'origine, le rôle de *Bazile*. Personne n'a donné à ce singulier intrigant un plus singulier caractère.

Moins grand comédien que Préville, Auger recherchait surtout les applaudissemens du parterre. Il les provoqua quelquefois par des moyens qui répugnaient à la délicatesse française, et que réprouvait la décence publique. Dans le rôle de *Tartufe*, par exemple, qu'il ne jouait pas sans talent, s'abandondant à un cynisme révoltant, il oubliait par trop que son tête-à-tête avec Elmire avait douze cents témoins, ou plutôt que, parmi ces douze cents témoins, il y en avait au goût et à la pudeur desquels il devait du respect; et il ajoutait par certains artifices à ce que la situation a de scabreux en elle-même. Ainsi, lorsque pour calmer la toux dont Elmire est

(1) Voyez la gravure en regard de la page 97.

saisie, toux qui, en rappelant aux spectateurs que, le mari est dans la chambre où se passe cette scène, en atténue le scandale, il adressait à Elmire ce vers naïf :

> Vous plaît-il un morceau de ce jus de réglisse ?

il n'avait pas honte de lui présenter, non pas une bonbonnière, mais un bâton de réglisse qui, par sa forme et par ses proportions, rappelait des idées très-différentes sans doute de celles qu'avait voulu éveiller Molière.

Et cette ignoble bouffonnerie était applaudie! J'ai vu avec plaisir, mon neveu, qu'elle n'a pas été reproduite depuis Auger ; mais je suis fâché qu'un acteur estimable se la soit permise, et plus encore que le public l'ait tolérée.

Auger, au reste, avait plus d'intelligence que de tact, et plus d'instinct que d'esprit. Cela explique, avec les fautes de son goût, celles de sa mémoire, dont les opérations n'étaient pas toujours dirigées par ce jugement qu'on appelle *sens commun*. Non-seulement Auger faisait souvent des vers faux, mais souvent il faisait de fausses rimes ; quelquefois même il ne rimait pas du tout. Ainsi, dans *les Plaideurs*, où il jouait le rôle de l'*Intimé*, il n'a jamais pu dire autrement qu'ils sont écrits ici, les vers suivans :

> Si dans la province
> Il se donnait en tout vingt coups de nerf de bœuf,
> Mon père, pour sa part, en remboursait *dix-huit.*

L'oreille même ne l'aidait pas à se rectifier dans ce passage. Las de l'avertir, le public, ainsi que ses camarades, avait pris le parti d'en rire.

Auger, à son début, s'était essayé dans la tragédie. Il avait joué entre autres le rôle de *Warwick ;* mais le peu de succès qu'il y obtint le détermina à renoncer à ce genre. Il ne craignit pas pourtant de se hasarder dans le drame, et il fit bien. Chargé, dans *le Père de Famille*, du rôle du *Commandeur*, il le rendit avec la vérité la plus piquante. Mais en s'en chargeant, était-il sorti des limites de la comédie?

Auger se retira, en 1783, après vingt ans de service. Il mourut, l'année suivante, du chagrin que lui causa, dit-on, la perte de ses économies, qu'il avait placées chez le prince de Guémenée, *cet escroc sérénissime*, dont la banqueroute a ruiné tant d'honnêtes gens.

L'effet de ce chagrin ne fut-il pas aggravé par l'ennui que lui donnait son oisiveté? Je n'en serais pas surpris. La liberté est un poids sous lequel succombent assez communément les hommes accoutumés à jouer publiquement un rôle bon ou mauvais. Que de comédiens et de ministres ont perdu la vie pour être descendus de leur théâtre!

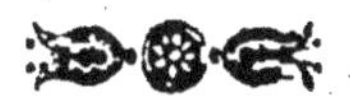

FEUILIE. BELLEMONT.

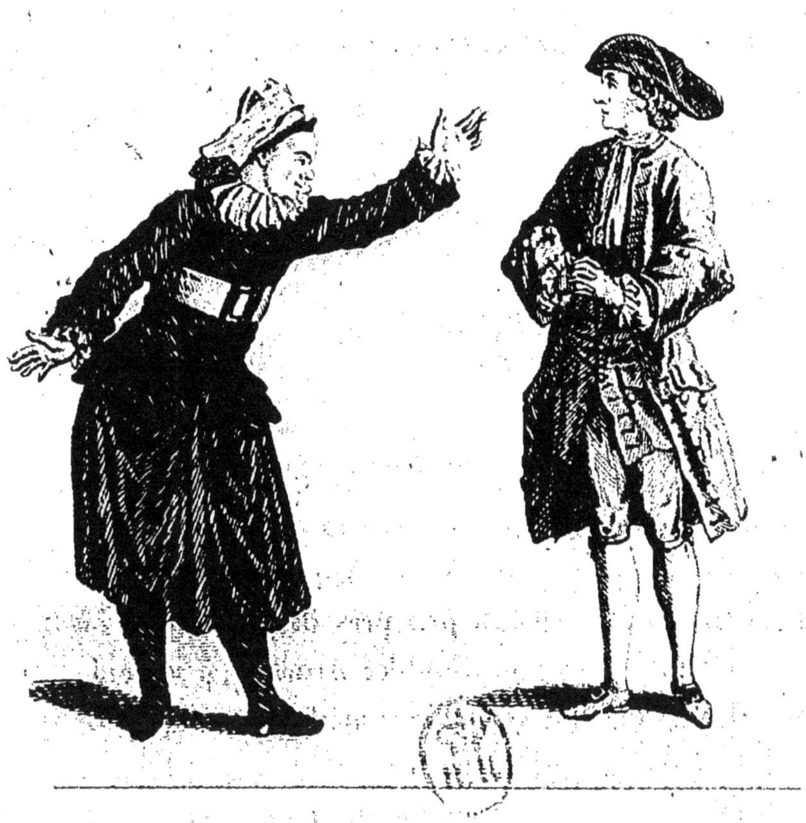

Crispin en Crispinette. Robert.

C. Et le combat finit faute de combattans.

Les Amazones modernes. *Scène.*

Douzième Lettre.

Feulie (1).

Auger me fait penser à Feulie, qui n'a pas fourni une aussi longue carrière que lui, mais qui a laissé une réputation plus honorable encore. Appelé aux *Français* pour doubler Préville, à peu près dans le temps où Auger y fut admis pour doubler Armand, il se montra, dès ses débuts, véritable comédien, quoiqu'il ne se fût essayé sur aucun théâtre.

Non moins bien partagé que son rival, sous le rapport des avantages physiques, mais plus sage, plus modeste, et tout aussi comique, il obtint, dans les mêmes rôles, des succès aussi grands, mais plus desirables, puisqu'il n'en fut redevable qu'à des moyens avoués par la bienséance et par le bon goût. Comme

(1) Né.... à, et mort à Paris, en 1774.

Auger, il excellait à jouer *Tartufe*; mais il n'achetait pas par d'ignobles bouffonneries les applaudissemens qu'il obtenait dans ce rôle, alors du domaine des valets (1).

Une chose assez singulière, c'est qu'un acteur aussi réservé ait affectionné les pièces de Legrand et de Scarron, farces où le comique est si souvent allié à la licence; mais il avait l'art de les rendre décentes. Sans retrancher aucune des saillies dont elles fourmillent, et faisant valoir seulement celles que le bon goût ne repoussait pas, Feulie, grâce à un jugement qui, dans sa profession, ne se rencontre pas toujours avec le talent, se faisait applaudir avec transport, non-seulement dans les *Amazones modernes* (2), où il jouait le rôle de *Crispin*, mais dans le rôle bien autrement graveleux de *don Japhet d'Arménie*, où il savait se concilier les suffrages des spectateurs les plus méticuleux.

Whirsker l'a représenté aussi dans le *Crispin* des *Rendez-vous*, en scène avec Monvel (3).

Feulie n'avait pas eu l'occasion de montrer toute sa

(1) Cette réflexion prouve la justesse du jugement de notre oncle. *Tartufe*, en effet, a été la propriété exclusive des valets, jusqu'au jour où Fleury l'a réclamé comme premier rôle.

(2) Voyez la gravure en regard de la page 103.

(3) Voyez la gravure en tête de la lettre sur Monvel.

capacité, puisqu'il n'avait pas eu de rôles importans à établir dans des pièces nouvelles, quand il mourut de la petite-vérole le 18 octobre 1774, dix ans après son début. Ce fut une grande perte pour le théâtre.

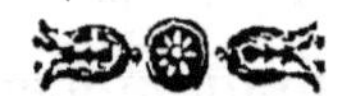

Mlle SAINVAL ae. LEKAIN.

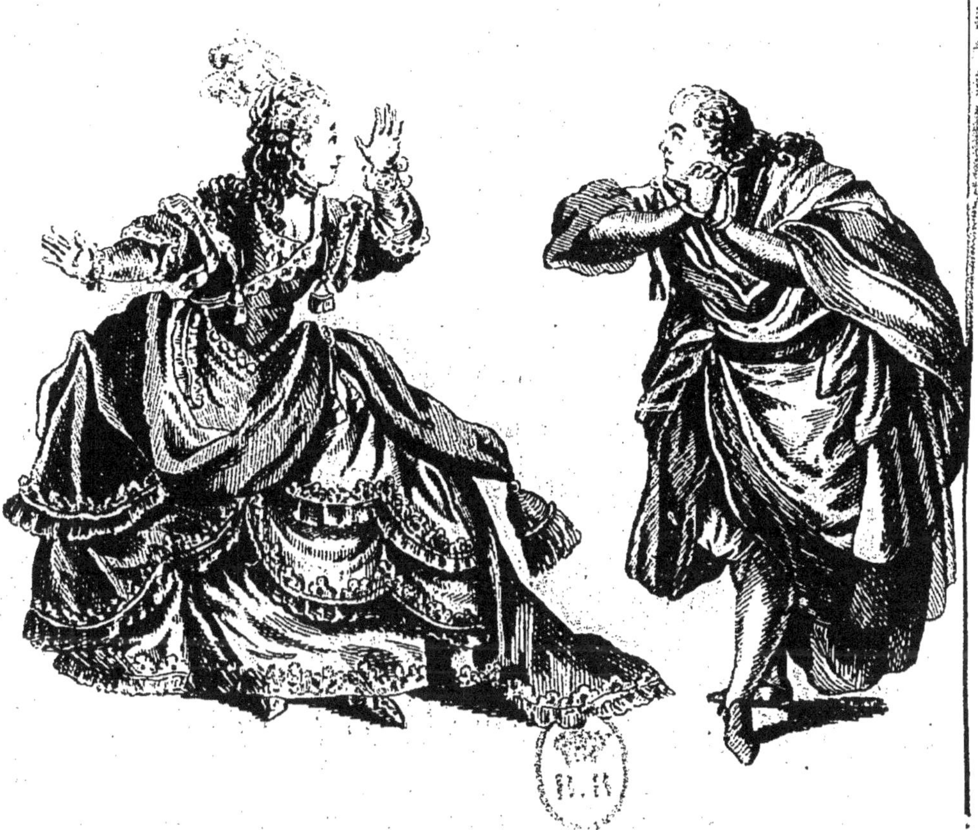

Zénobie. Rhadamisthe.

7. Après tant de fureurs, Rhadamisthe est-ce vous?

Rhadamisthe et Zénobie. Acte III Scène

Treizième Lettre.

Mademoiselle Sainval aînée (1).

DANS la planche en regard, voyez-vous en scène, avec Lekain, dans le costume de *Rhadamiste*, une dame non moins magnifique, dans le costume de *Zénobie?* Cette dame-là, mon neveu, c'est l'aînée des Sainval.

Mademoiselle Clairon venait de quitter le théâtre. Son emploi était abandonné à mademoiselle Dubois, actrice moins bonne que belle. Mademoiselle Sainval, actrice moins belle que bonne, fut appelée pour le partager.

Elle n'était ni grande, ni gracieuse, et pourtant elle avait l'art de donner à sa taille la noblesse, et à sa figure le charme qui lui manquaient hors de la scène.

Elle venait de Lyon, où, quoique fort jeune (elle

(1) Née à Aix vers 1746.

avait à peine vingt ans), elle s'était fait une assez belle réputation. Je reconnus, dès son début, que cette réputation était méritée. Mademoiselle Sainval joua avec un talent véritable les rôles d'*Ariane*, d'*Alzire* et d'*Aménaïde*. Elle avait de l'intelligence, de la chaleur, de la noblesse, du pathétique; mais je lui trouvai moins d'analogie avec mademoiselle Clairon qu'avec mademoiselle Dumesnil.

Naturelle et simple comme Dumesnil, mademoiselle Sainval *avait quelquefois le diable au corps;* et, dit Voltaire, il faut l'avoir pour exceller dans un art quelconque. Qu'elle était étonnante alors dans *Phèdre*, dans *Clytemnestre*, dans *Hermione!* Mais à l'exemple de Dumesnil aussi, qu'elle était lente, monotone, insignifiante, quand le diable l'abandonnait! ce qui lui arrivait quelquefois. Alors se révélaient des défauts que l'entraînement de son jeu n'avait pas permis d'apercevoir, ou lui faisait pardonner; alors on reconnaissait ce que son débit avait de vicieux. Née à Aix, elle y avait contracté certain accent, l'accent provençal, dont elle ne parvint jamais à se défaire entièrement.

Les débuts de mademoiselle Sainval furent interrompus par un accident plus contrariant que dangereux, accident fort naturel qui la tint quelques semaines éloignée de la scène, et tient plus du dénouement d'une comédie plus que de celui d'une tragédie. Cette absence, toutefois, ne lui aliéna pas la bienveillance du parterre. Les habitués du théâtre ne lapident pas les femmes pour ces étourderies-là.

A mesure que le talent de mademoiselle Sainval se développait, la justesse de ma remarque se confirmait. Éclairés par l'expérience, les sociétaires du Théâtre-Français reconnurent enfin que ce n'était pas à remplacer mademoiselle Clairon que la débutante était propre, et ils la chargèrent de doubler mademoiselle Dumesnil, qui comptait déjà trente ans d'exercice au théâtre, et, d'une année à l'autre, pouvait prendre sa retraite.

La succession de mademoiselle Clairon ne devint pas cependant la propriété exclusive de mademoiselle Dubois. Vers ce temps-là, une autre princesse, madame Vestris, fut admise à la lui disputer.

Cette dispute en amena bientôt une autre, qui ne porta pas moins de préjudice à la Comédie-Française qu'à mademoiselle Sainval, dont elle provoqua la retraite prématurée, ou, tranchons le mot, l'exclusion.

La limite qui sépare le domaine des reines, celui de mademoiselle Sainval, du domaine des grandes princesses, celui de madame Vestris, est très-vague, ainsi que je crois vous l'avoir dit ailleurs (1). Sur la

(1) Dans la lettre sur Armand, p. 81.

carte dramatique aussi, entre des propriétés déterminées, se trouvent des terrains qui peuvent également se rattacher à chacun des domaines contigus, et sur lesquels les propriétaires voisins croient avoir des droits égaux, comme les Turcs et les Russes sur la Moldavie et sur la Valachie.

Je m'explique. Certains rôles, tels que ceux de *Camille*, d'*Hermione*, d'*Emilie*, peuvent être classés, d'après l'âge, dans l'emploi des princesses, et dans celui des reines, d'après le caractère. De grands débats s'élevèrent à ce sujet entre madame Vestris, qui prétendait s'en saisir, et mademoiselle Sainval, qui prétendait les garder. Ces débats, qui dégénérèrent en querelles des plus envenimées, divisèrent les oisifs de la capitale. Les gentilshommes de la chambre et le grand monde se prononcèrent pour la beauté; le parterre se prononça pour le talent : c'est la vraie beauté au théâtre.

L'on ne peut s'exagérer l'acharnement avec lequel les deux factions combattirent; acharnement, au reste, très-facile à concevoir. Les hommes sont nés pour la dispute. Les plus modérés mêmes n'ont-ils pas en eux une certaine somme d'humeur litigieuse qu'il leur faut exhaler, une certaine tendance à la turbulence qu'il leur faut dépenser? Faute de sujets graves, ils se querellent pour des riens. La ligue est-elle dissoute? la

Fronde est-elle dissipée? les Jésuites sont-ils abolis? n'agite-t-on aucune question d'État? on se querelle pour des questions de musique, de théâtre ou de théologie; pour un pas de danse, pour le *classique* et le *romantique*, ou toute autre niaiserie. La ville et la cour, cette fois, furent en émoi pour deux actrices.

On claqua, on siffla à tort et à travers; on opposa libelle à libelle, cabale à cabale. Tous les soirs, *aux Français*, c'était un sabbat à ne se pas entendre. Le théâtre était devenu un champ de bataille qui fut ensanglanté plus d'une fois, mais où les champions des gentilshommes de la chambre n'avaient le dessus que lorsque les gardes-françaises venaient à leur secours.

Ces Messieurs, qui préféraient le grasseyement de Mme Vestris à l'accent de Mlle Sainval, ne trouvèrent d'autre moyen de faire cesser la guerre qu'en faisant céder les droits de la seconde aux prétentions de la première, et en sacrifiant les plaisirs du public à leurs plaisirs privés.

Mlle Sainval, au reste, eut lieu de s'enorgueillir des formes que l'on donna à la persécution dont elle fut victime. Comme un ministre, ou comme une favorite en disgrâce, elle fut exilée par lettre-de-cachet; honneur qui n'avait été fait à aucune personne de sa profession, et qui donnait à cette injustice le caractère d'une sottise.

Ainsi le Théâtre-Français, à qui cela ne rendit pas la tranquillité, fut privé d'un sujet que la retraite de mademoiselle Dumesnil lui rendait nécessaire, et qui alla reprendre en province ses défauts, dont elle avait eu tant de peine à se déshabituer.

Mademoiselle Sainval alors comptait déjà treize années de règne, et n'avait que trente-trois ans. Cela se passait en 1779; elle avait débuté au mois de mai 1766.

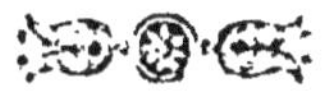

Mlle SAINVAL cadette. MOLÉ.

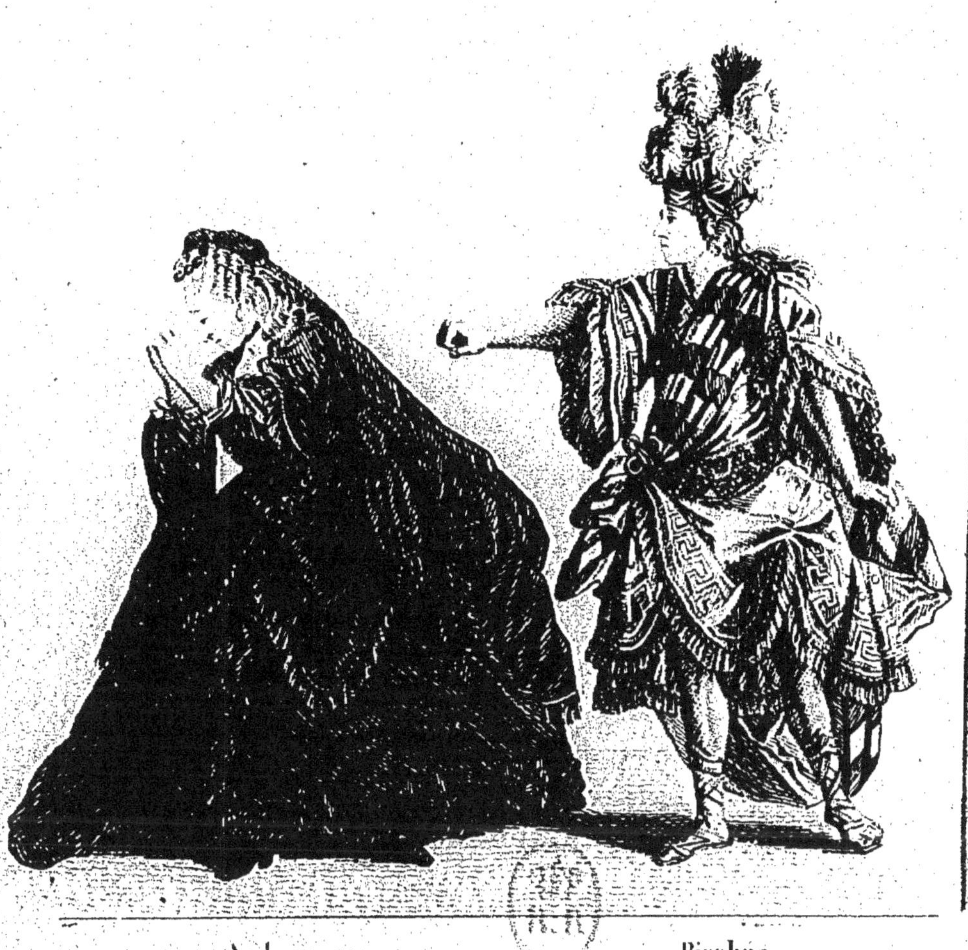

Andromaque. Pirrhus.

P. Songez-y bien, il faut désormais que mon cœur
S'il n'aime avec transport, haïsse avec fureur.

Andromaque. Acte Ier. Scène 4me.

Quatorzième Lettre.

Mademoiselle Sainval cadette (1).

Provençale ainsi que sa sœur, et l'on s'en apercevait, elle fut aussi une actrice remarquable, mais plutôt par la sensibilité que par l'énergie. Elle débuta en 1772, dans les rôles d'*Inès de Castro* et de *Zaïre* : les vieux habitués crurent revoir Mademoiselle Gaussin.

Mademoiselle Sainval avait en effet une voix douce et touchante, un maintien décent et noble; et quoiqu'elle ne fût pas précisément jolie, son visage, animé par de fort beaux yeux, n'était pas, à beaucoup près, dénué de charmes. Mais il faut tout dire, elle était d'une petite taille et de faible constitution.

(1) Née à Aix en....

De son organisation résultaient deux défauts auxquels on avait peine à s'habituer : quand elle s'animait, sa figure s'altérait par des contractions fatigantes, et sa voix par un hoquet insupportable.

Mademoiselle Sainval escamota pour ainsi dire l'affection publique. Elle arrivait de Danemarck. Ne prétendant pas, disait-elle, s'arrêter à Paris, elle demanda la faveur de jouer une fois en passant, pour se ménager des droits à un meilleur engagement en province, si elle obtenait quelques applaudissemens au Théâtre-Français. Les comédiens lui accordèrent cette faveur presque sans l'entendre, et elle débuta du jour au lendemain sans avoir été annoncée. Quelle fut leur surprise, le jour de la représentation, de trouver une véritable actrice dans cette provinciale, que la veille ils avaient jugée détestable! Soit qu'à la répétition la petite Sainval eût déguisé son talent, soit qu'il eût été comprimé par un excès de timidité, elle en avait montré si peu, que, loin de voir une rivale en elle, Mademoiselle Dubois et Madame Vestris, dans les rôles desquelles elle s'essayait, n'avaient pas même daigné assister à son début. Non-seulement la petite Provençale ne fut pas sifflée comme elles le craignaient ou l'espéraient, mais elle fut applaudie jusqu'à l'enthousiasme, et c'était juste. Les défauts qu'on avait cru reconnaître en elle à la répétition ne s'étaient pas montrés à la représentation, et elle y avait déployé des qualités qu'on ne lui soupçonnait pas, et, entre autres, un abandon qui lui inspirait des accens pleins de charme et de vérité, dont les cœurs les moins tendres s'étaient sentis pénétrés.

Elle fut invitée, comme de raison, à poursuivre le cours de ses débuts. C'est au mois de mai 1772 qu'ils commencèrent; une maladie, non de la nature de celle de sa sœur, les ayant interrompus, elle les reprit au mois de janvier 1773, non pourtant avec le même succès.

Par suite de l'instabilité de l'esprit français, pendant ce court intervalle, sa faveur avait changé d'objet, et s'était reportée tout entière sur une nouvelle actrice, sur mademoiselle Raucourt, qui débutait dans le même emploi que mademoiselle Sainval. Les qualités de celle-ci disparurent; on ne vit plus que ses défauts, on se les exagéra, et l'enthousiasme qu'avait excité sa sensibilité s'évanouit devant celui que produisait la beauté de sa rivale. Jamais pourtant mademoiselle Sainval n'avait été aussi touchante à son début, qu'elle le fut à sa rentrée dans les rôles de *Chimène* et d'*Andromaque*.

Mais tout ce qui est exagéré n'a qu'un temps. Comme l'eau tourmentée par des vents qui se contrarient, l'opinion publique, excitée entre deux partis opposés, passe avec une excessive rapidité d'un bout de la ligne à l'autre; mais, comme l'eau aussi, l'orage passé, elle retrouve son niveau dans le repos. Le parterre, plus juste, ne tarda pas à reconnaître que les deux jeunes actrices méritaient d'être encouragées à des titres différens, qu'elles pouvaient se rivaliser sans se nuire, et il les adopta toutes les deux.

Cette rivalité, au reste, ne dura pas long-temps. Portée vers les rôles terribles par son talent, qui était moins d'inspiration que de composition, mademoiselle Raucourt abandonna petit à petit les rôles de sensibilité à la petite Sainval, qui resta seule en possession de l'héritage de mademoiselle Gaussin, et elle se rejeta sur celui de mademoiselle Dumesnil, qu'elle partagea avec mademoiselle Sainval aînée.

Dans la querelle qui s'éleva entre madame Vestris et celle-ci, la petite Sainval embrassa, comme de raison, le parti de sa sœur, et refusa de jouer pendant l'exil de son aînée. Au bout d'un mois pourtant, elle reparut dans le rôle d'*Aménaïde*, et peut-être fit-elle bien. L'enthousiasme qu'elle provoqua donna une nouvelle activité à l'intérêt qu'on prenait à l'exilée, que le public redemanda à grands cris. Ces cris toutefois ne furent pas exaucés. Plus que jamais épris des charmes de madame Vestris, les gentilshommes de la chambre avaient les oreilles moins sensibles que les yeux.

Depuis ce moment, mademoiselle Sainval cadette a possédé sans contestation l'emploi que la nature de son talent lui assignait. Personne ne lui disputa plus les rôles tendres auxquels elle avait imprimé un caractère si heureux, tels que ceux de *Monime*, d'*Iphigénie* et de *Josabeth*, qu'elle exécutait comme Racine les avait conçus. Elle ajouta depuis à sa réputation par le talent avec lequel elle joua certains rôles nouveaux, et particulièrement celui de *Lanassa*, dans *la Veuve du Malabar*, tragédie à la résurrection de laquelle Monvel contribua puissamment aussi, et à laquelle Larive lui-même eût quelque part.

Mademoiselle Sainval, à son début, s'était essayée dans la comédie sans beaucoup de succès, à la vérité. Cela n'empêcha pas Beaumarchais, qui savait démêler avec une sagacité singulière les aptitudes de chacun, de lui confier, dans *le Mariage de Figaro*, le rôle de la comtesse *Almaviva*. Il fit bien. Personne n'a senti avec plus de justesse que mademoiselle Sainval la position de ce personnage; personne n'a exprimé avec plus de délicatesse la passion qui tourmente presque à son insu cette femme qui se croit fidèle à ses devoirs, au moment même où elle est prête à les trahir; personne n'y eût mis plus de décence : mademoiselle Contat seule y eût mis plus de grâce; mais, par suite encore de ce tact qui avait dirigé Beaumarchais dans la distribution de ses rôles, mademoiselle Contat était chargée, dans la même pièce, de celui de *Suzanne*.

A tout prendre, c'étaient des artistes fort distinguées que les deux Sainval. L'aînée, en quittant avant le temps le Théâtre-Français, y laissa un vide que mademoiselle Raucourt n'a jamais entièrement rempli. Celui qu'a laissé la seconde, qui ne se retira qu'après avoir accompli les vingt années de son engagement, n'aurait pas porté un moindre préjudice à la scène française, si la révolution n'en eût pas précipité la ruine.

Mademoiselle Sainval l'aînée, dont l'exil ne fut jamais révoqué, avait su mauvais gré à mademoiselle Sainval cadette d'être rentrée sans elle à la Comédie-Française. Il y avait treize ans que ces deux sœurs ne s'étaient vues, quand elles se rencontrèrent, m'a-t-on dit, sur l'une de ces scènes infimes où la tragédie s'est vue traîner un moment, par suite de la liberté qu'avaient alors les bateleurs de porter sur les objets les plus sacrés leurs mains ignobles, et où ces princesses avaient été prostituer leur talent. Elles s'y réconcilièrent, aux grands applaudissemens du public. C'est bien; pas de rancunes éternelles. Mais n'eût-il pas été mieux que cette scène se passât en lieu plus honnête, et en meilleure compagnie (1)?

(1) Cette scène s'est passée en 1792, au théâtre de la Montansier,

Mademoiselle Sainval cadette est représentée ici en scène avec Molé, et dans le rôle d'*Andromaque*, qu'elle jouait admirablement (1). Adieu, mon neveu.

théâtre où, à la vérité, la tragédie était assez déplacée, mais qui n'était pas d'un ordre aussi bas qu'il plaît à notre oncle de le dire. N'oublions pas qu'il était aristocrate.

(1) Voir la gravure en regard de la page 113.

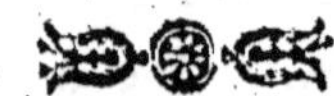

FEUILIE. MONVEL.

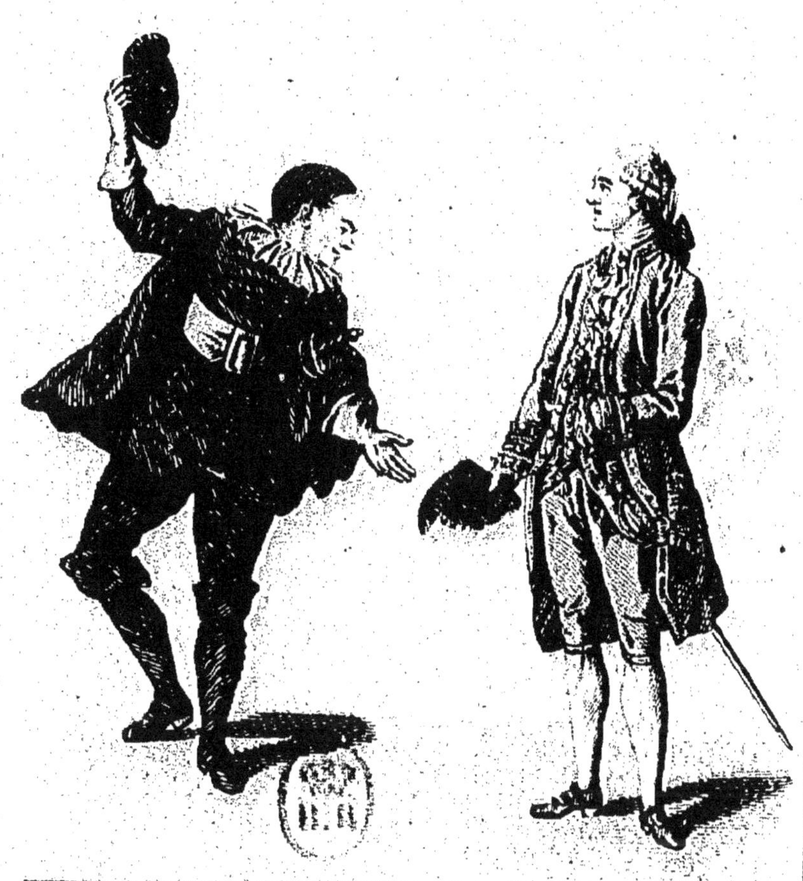

Crispin. Valère.

C. Nous triomphons enfin...
Que l'on chante en tous lieux et Lisette et Crispin!

Les Rendez-vous Scène 17.

Quinzième Lettre.

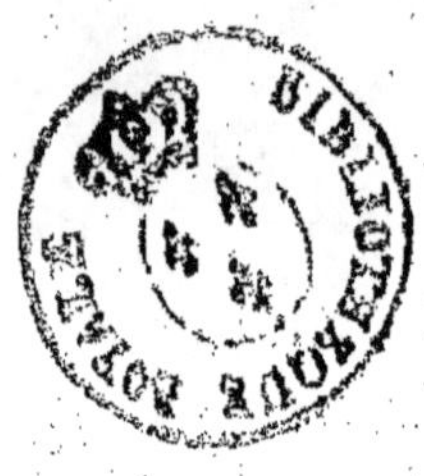

Monvel (1).

Un peu avant la première apparition de M. Larive, avait débuté avec plus de succès, au Théâtre-Français, un jeune homme dont mademoiselle Clairon n'avait vanté *ni l'intérieur*, *ni l'extérieur*, mais qui avait, à mon sens, des droits un peu plus positifs à sa prédilection : c'était Monvel.

La nature, sous les rapports physiques, l'avait doté avec quelque parcimonie; mais elle lui avait prodigué dans les plus larges proportions l'intelligence et le sentiment. Sans difformité, mais sans beauté, Monvel était de la constitution la plus mesquine; son aspect n'annonçait qu'un homme ordinaire; mais cet

(1) Né à....., en 1744, mort à Paris en 1807.

homme parlait-il, on reconnaissait bientôt que cette chétive enveloppe renfermait un esprit des plus déliés, une âme des plus brûlantes.

Il était aisé de paraître bel acteur à côté de lui; mais bon acteur, c'est autre chose. Dénué des avantages que possédait Larive, il possédait, en revanche, les qualités dont ce gladiateur parut d'abord dénué. L'un était un corps sans âme, et l'autre une âme sans corps : de leurs qualités réunies, on eût composé un acteur parfait. Larive, disait Chamfort, devrait avaler Monvel.

Egalement habile dans la tragédie et dans la comédie, Monvel ne paraissait pas moins à sa place entre Lekain et Brizard qu'entre Bellecour et Préville.

Je ne crois pas avoir assisté à une représentation plus parfaite que celle de *Mahomet*, joué entre Lekain, Brizard et Monvel, avec la petite Sainval, qui n'y faisait pas disparate. Qui n'a pas vu ce chef-d'œuvre joué par de semblables acteurs, n'en connaît pas tout l'effet, et n'a pas une idée complète de la puissance de la scène tragique; c'est le plus parfait ensemble qu'elle puisse jamais offrir.

Le même ensemble se retrouvait souvent dans les comédies où Monvel, qui partageait l'emploi de Molé, se faisait applaudir près de lui et tout autant que lui, quoiqu'il ne lui ressemblât sous aucun rapport.

Deux soleils resserrés en un lieu trop étroit,
Rendent trop excessif le contraste du froid,

dit Scarron.

Monvel et Molé ne vivaient pas toujours d'accord: ils étaient même en querelle ouverte à je ne sais quel sujet, quand une circonstance honorable pour tous deux amena leur réconciliation.

Monvel s'était déjà fait connaître comme auteur par plusieurs opéras comiques. Encouragé par ces succès, il en ambitionna de plus nobles, et, de la *Comédie italienne* (1), il osa s'élever à la Comédie-Française, et fit représenter *l'Amant bourru*, comédie dont le fond est tiré d'un roman de madame Riccoboni. Prenant modestement le rôle secondaire dans son propre ouvrage, il en offrit à son rival le principal rôle, celui du bourru *Morinzer*. Cette noble confiance, ou cette habile politique, lui réussit. La sagacité avec laquelle Molé sut saisir et rendre ce singulier caractère, mélange piquant de sensibilité et de brusquerie, de rudesse et de bienveillance, ne contribua pas peu à l'effet extraordinaire que *l'Amant bourru* produisit dès la première représentation.

Le public, si lent parfois à se décider, n'attendit

(1) Aujourd'hui l'Opéra-Comique.

même pas la fin de la pièce pour manifester ses bonnes dispositions envers Monvel. Quand, dans le personnage de *Montalais*, demandant à ses amis la cause de leur tristesse, il leur adressa ce vers :

> Est-ce parce qu'on juge aujourd'hui mon procès ?

vers qui, par parenthèse, n'est pas sublime : *Il est gagné!* s'écria un spectateur ; et le parterre, tout d'une voix, répéta : *Il est gagné!*

Vous pensez bien, mon neveu, qu'à la fin de la pièce on n'oublia pas de sommer l'auteur de comparaître, espèce d'ovation qui avait été d'abord décernée à Voltaire, à la suite d'un chef-d'œuvre, et que depuis on a prodiguée aux auteurs les plus médiocres, pour les plus médiocres ouvrages. Amené par Molé, Monvel se rendit au vœu général, qui, cette fois encore, était motivé, et, après avoir salué le public, il se précipita dans les bras de son camarade. Sincère ou non, cette réconciliation produisit un admirable effet. Le parterre aime le pathétique. Des scènes qui furent jouées ce soir-là, ce n'est pas celle qu'il a le moins applaudie.

Cette représentation fut pour Monvel l'occasion d'un double triomphe. On aimait à trouver dans un même sujet le double talent dont il venait de donner des preuves si brillantes ; mais on regrettait plus vivement encore les qualités qui lui manquaient. Quel dommage, se disait-on, que des sentimens si justes, si profonds, ne soient pas exprimés par un organe moins frêle et plus sonore ! Tant d'énergie avec une constitution si grêle ! cela fait peine. Ce pauvre garçon n'a que le souffle ; *c'est un amant à qui on a toujours envie de faire donner à manger.*

En 1780, les comédiens français remirent au théâtre *la Veuve du Malabar.* Cette tragédie, qui avait été froidement accueillie en 1770, eut cette fois un très-grand succès : il ne faut désespérer de rien. Monvel, qui remplaçait Molé dans le rôle du jeune Bramine, ne contribua pas peu à la réussite de cette reprise. Ce fut là son dernier triomphe, à mes yeux du moins.

Se perfectionnant de jour en jour, Monvel, non-seulement promettait, mais il était un comédien accompli, quand certaines tracasseries qui lui furent suscitées pour des faits qui ne s'étaient point passés devant le monde, le déterminèrent à aller chercher en Suède plus de tolérance, et à s'engager pour le théâtre de Stockholm, où il est resté dix ans. Son absence laissa au Théâtre-Français un vide que Saint-Phal vint occuper, mais qu'il n'a pas tout-à-fait rempli.

Monvel, revenu à Paris en 1791, s'attacha au théâtre du Palais-Royal. A-t-il gagné ou perdu pendant son séjour en Suède? Ce serait à vous à me l'apprendre, mon cher neveu. Pour connaître la seconde partie de son histoire, il aurait fallu aller à ce théâtre, et je n'ai pas à me reprocher d'y avoir jamais mis le pied; j'étais trop bon Français pour cela (1).

Monvel est représenté ici dans le rôle de *Valère*, personnage du *Rendez-vous* (2), jolie comédie de Fagan, où il jouait avec Feulie. Il est singulier que l'artiste ne l'ait pas représenté dans un rôle plus important.

(1) Notre oncle n'est pas exempt de tout préjugé, comme on voit.

(2) Voyez la gravure en tête de cette lettre.

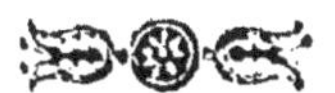

Mme BELLECOUR. BOURRET. Mlle HUS.

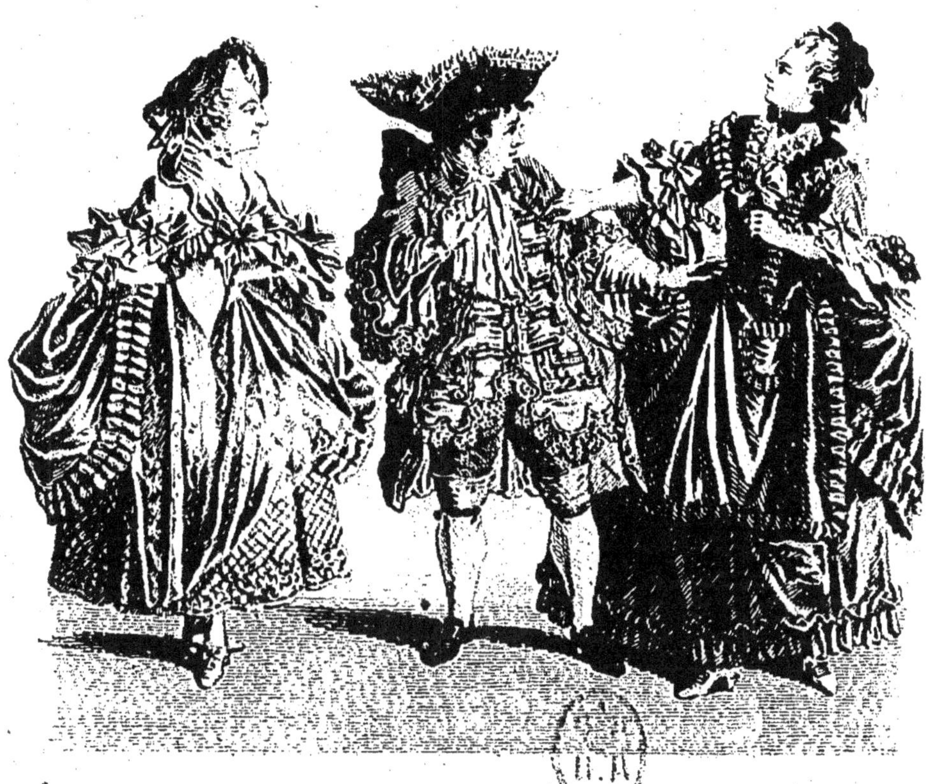

Nérine. Pourceaugnac. Lucette.

L. *[illegible] ! je boute empêchement au mariage.*

Seizième Lettre.

Mademoiselle Hus (1).

Elle fut plus célèbre encore pas ses attraits que par son talent, quoiqu'elle n'en manquât pas. Elle avait à peine quinze ans, lors de son premier début, en 1751, époque qui me reporte presque à celle de ma naissance. Que ne devait-elle pas être à cet âge-là, puisque vingt-cinq ans plus tard sa figure éclipsait encore les plus jolies? et alors il y en avait beaucoup.

Elève de mademoiselle Clairon, on le reconnaissait à ses défauts : elle prétendit, à son exemple, s'illustrer dans les deux genres; elle ne réussit d'abord ni dans l'un ni dans l'autre, m'a dit mon père, qui, comme moi, aimait passionnément le théâtre. Jamais on n'avait vu à Zaïre une figure plus faite pour justifier la passion d'Orosmane, ou à Iphigénie, une beauté

(1) Née ....., morte à Paris en 1805.

plus digne de tout l'amour d'Achille; mais cela ne suffit pas pour enflammer le public. Mademoiselle Hus n'obtint aucun succès dans ces rôles par lesquels elle débuta ; et, jugée non moins faible dans les rôles comiques où elle s'était essayée aussi, elle fut renvoyée à ses études ou à sa poupée.

Cet échec ne la rebuta pas. Deux ans après, elle revint à la charge, et c'est dans les personnages d'*Andromaque*, de *Monime* et de *Chimène*, qu'elle osa se montrer. Cette audace, qui semblait devoir la perdre, lui réussit : après trois mois d'épreuve, elle fut reçue.

Jusqu'alors mademoiselle Hus n'avait joué que des rôles pris soit à mademoiselle Clairon, soit à mademoiselle Gaussin. Comme la comparaison lui était peu favorable, et qu'entre ces deux actrices elle ne pouvait que paraître médiocre, elle pensa à se faire un répertoire particulier, composé de rôles nouveaux : mais il fallait trouver des auteurs disposés à favoriser cette spéculation. Un pauvre diable, nommé Maillot,

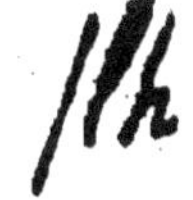

qui avait fait une tragédie intitulée *Paros*, redoutait fort de la voir tomber. Mademoiselle Hus, qui disposait de la caisse d'un financier fort riche, offrit au poëte de payer le succès de sa tragédie, s'il voulait lui en vendre le rôle principal.

Le marché accepté, tous les billets achetés avec

l'or du financier se distribuèrent à des gens affidés. L'auteur et l'actrice furent applaudis à outrance; mais personne ne fut dupe de ce succès, personne, pas même le public; et les spectateurs cessèrent de venir voir *Paros* dès qu'on cessa de les solder.

Je me trompe ici, mon neveu; il y eut dans cette affaire une dupe. Mademoiselle Hus se laissa prendre au piége qu'elle avait tendu aux autres, et se prévalut des applaudissemens qu'elle s'était donnés, pour traiter d'égale à égale avec la grande actrice dont antérieurement elle se vantait d'être l'élève; elle osa même un jour lui disputer un rôle : celui de la *Duchesse* dans le *Comte d'Essex*.

Nous avons vu ailleurs (1) comment celle-ci se vengea en cédant le rôle qui lui était contesté, et en paraissant comme confidente auprès de son écolière. Cette leçon, la dernière que mademoiselle Hus ait reçue de mademoiselle Clairon, lui profita : elle renonça au tragique, et fit bien. Des actrices qui doublaient mademoiselle Gaussin dans la comédie, c'est mademoiselle Hus que le public vit avec plus de plaisir, jusqu'à l'époque où mademoiselle Doligny débuta dans cet emploi.

Le talent, cette fois encore, l'emporta sur la beauté :

(1) Voyez la lettre sur mademoiselle Clairon.

mademoiselle Doligny, moins jolie à beaucoup près que mademoiselle Hus, l'éclipsa tout-à-fait. C'est à elle qu'après la retraite de mademoiselle Gaussin les auteurs portèrent leurs rôles; et mademoiselle Hus fut réduite à se contenter de ceux de l'ancien répertoire, dont son droit d'ancienneté lui assurait la propriété.

Rochon de Chabannes cependant, dérogeant à la coutume, lui confia plusieurs rôles nouveaux, tels que celui de *Sylvie*, dans une assez triste pastorale, et celui de *Madame de Lisban*, dans *Heureusement*, comédie assez gentille.

Mademoiselle Hus ne le joua pas mal; elle y obtint même un jour un succès qu'elle dut à son esprit plus encore qu'à celui du poëte.

Le prince de Condé, qui, dans les dernières campagnes, avait prouvé qu'il y avait en lui du sang des héros de Jarnac et de Rocroi, assistait à une représentation d'*Heureusement*. Lorsque *Lindor*, dans le petit souper que *madame de Lisban* fait tête à tête avec ce jeune officier, lui eut dit : *Je vais boire à Cypris :* — *Je vais boire à Mars*, répliqua l'actrice en se tournant avec une vivacité pleine de grâce vers le prince. Vous jugez si l'à-propos fut saisi.

(1) Acteur qui du théâtre de l'Opéra-Comique, où il était excellent, passa au Théâtre-Français, où il ne fut que médiocre.

Cette jolie actrice est représentée ici entre madame Bellecour et Bourret (1), dans une scène de *Pourceaugnac,* où elle jouait le rôle de *Lucette,* une des *baragouineuses* déchaînées contre ce gentilhomme. Elle imitait avec une vérité plaisante l'accent et la volubilité des Languedociens. Mais elle n'eût pas mérité qu'on fît ici mention d'elle, si elle n'avait pas été applaudie trente ans à d'autres titres.

Mademoiselle Hus se retira en 1780, avec 1,500 fr. de pension: elle était belle encore; mais la fortune lui avait été moins fidèle que la beauté, et déjà elle faisait ressource des débris de son ancienne magnificence. Au reste, c'était une fortune que ces débris. Son mobilier valait plus d'un demi-million; sa garderobe aussi était un fonds de richesses: il s'y trouvait en superflu quatre mille paires de souliers qu'elle n'avait qu'essayés, et huit cents robes tout aussi neuves, objets qu'elle convertit tous en argent.

L'extravagant qui avait fourni à toutes les prodigalités de cette extravagante était M. Bertin, trésorier des *parties casuelles*, et que, par allusion à cette liaison, on appelait Bertinus (1).

Avant de quitter le théâtre, mademoiselle Hus s'était réformée déjà dans sa conduite: abjurant ses

(1) Bertin-*Hus*.

anciennes erreurs, elle en faisait même pénitence: elle s'était mariée. Elle les répara mieux encore depuis par une vie entièrement consacrée à la bienfaisance, vertu qu'elle porta si loin, qu'épuisant en aumônes les ressources qui l'auraient soutenue pendant la révolution qui acheva de la ruiner, elle mourut dans un état voisin de la misère.

Le mari de mademoiselle Hus, M. *Lelièvre*, fils de l'inventeur d'un baume qui portait ce nom, était un personnage assez maussade. Despote dans la société comme dans son ménage, cet original exerçait, *aux Français*, où il avait ses entrées, une espèce de dictature dont le siége était établi sur un tabouret placé exprès pour lui dans l'angle du balcon, à gauche. Je le vois encore de là, comme d'un tribunal, donner au parterre le signal ou l'exemple d'approuver ou d'improuver. Il avait, pour témoigner sa satisfaction, diverses manières déterminées par la nature de la bienveillance qu'il portait aux sujets en scène. Indulgent par conformité de génie pour les sujets médiocres, rarement il honorait les grands acteurs d'un applaudissement complet; applaudissement qui faisait retentir la salle quand il mettait en jeu ses deux énormes mains, dont l'une, d'ordinaire, était enfoncée dans sa veste, et l'autre dans son gousset. Le plus habituellement, il les tenait inactives, se bornant à exprimer son opinion par un signe de tête expliqué, au besoin, par quelque mot dédaigneux. Il se targuait toutefois d'être juste, et pour le manifester, si quelqu'un des acteurs qu'il réprouvait rencontrait un accent qui par hasard lui plût, tirant, sans trop se déranger, une de ses mains de sa retraite accoutumée, il en frappait une certaine partie de son individu, que son attitude nonchalante laissait à moitié à découvert, et sur laquelle une claque n'est pas un soufflet.

M. Lelièvre n'a jamais applaudi que de cette manière mademoiselle Contat, qu'il n'a applaudie qu'une fois, faveur qu'elle ne pouvait pas lui pardonner.

LEKAIN. Mlle VESTRIS.

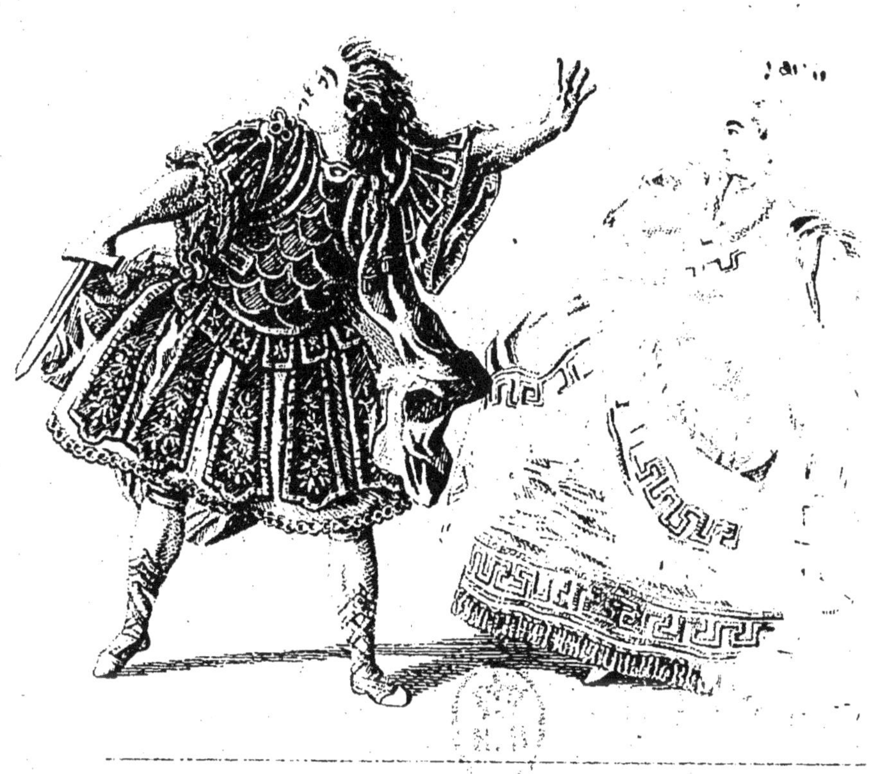

Ninias. Azéma.

N. Ciel ! où suis-je ? A. Ah ! Seigneur
Vous êtes teint de sang, pâle, glacé d'horreur

Dix-septième Lettre.

Madame Vestris (1).

Cette belle actrice fut à peu près, pour le Théâtre-Français, ce qu'avait été pour la Grèce la belle Hélène, un éternel sujet de discorde. Aux querelles tant soit peu scandaleuses qui avaient provoqué la retraite prématurée de mademoiselle Clairon, succédèrent celles qui provoquèrent l'exil de mademoiselle Sainval; et celles-là commencèrent, ainsi que je l'ai dit, avec les débuts de madame Vestris.

Avant de se présenter au Théâtre-Français, madame Vestris n'avait joué la tragédie qu'à Stuttgard, chez le duc de Wurtemberg. Comme on ne savait si elle était en état de courir les chances d'un début à Paris, les gentilshommes de la Chambre, dont, au premier

(1) Né à....., morte à Paris en 1805.

aspect, sa beauté lui concilia la bienveillance, décidèrent qu'elle serait entendue d'abord sur le théâtre des *Menus-Plaisirs ;* mais cet essai, par suite de l'éclat que lui donna leur galanterie, fut un début véritable. Huit cents billets se distribuèrent pour cette représentation, dont le roi faisait les frais. N'en obtint pas qui voulut. J'en attrapai un. J'avais près de vingt ans ; madame Vestris n'en avait guère plus. N'eût-elle été que jolie, c'était déjà être heureux que d'en pouvoir juger avant tout le monde. D'ailleurs, on devait donner *Andromaque*, où la débutante, qui jouerait *Hermione*, serait assistée par Lekain et par Molé, chargés, l'un du rôle d'*Oreste*, et l'autre de celui de *Pyrrhus*. Ils étaient bons à entendre, si elle était bonne à voir.

Madame Vestris sortit assez heureusement de cette épreuve, non qu'on l'eût trouvée actrice parfaite, mais parce que ses qualités parurent l'emporter sur ses défauts, qu'on ne croyait pas tous incorrigibles. Sa prononciation n'était pas des plus nettes, mais elle avait des accens si enchanteurs! elle ne marchait pas avec aisance, mais elle avait une taille si élégante! ses gestes étaient par trop uniformes, mais elle avait de si beaux bras! elle n'avait pas montré beaucoup de sensibilité, mais elle déployait tant de fierté ! et puis, que ne devait-on pas attendre de son intelligence ?

Madame Vestris, néanmoins, ne s'élança pas immédiatement du théâtre des *Menus-Plaisirs* sur le Théâtre-Français. Huit mois s'écoulèrent entre le 8 avril 1768, jour de cet essai, et le 19 décembre, jour de son début. Mais elle avait profité de ce temps pour mettre en pratique les conseils qu'on lui avait donnés, et prendre tout à la fois des leçons de Lekain, de mademoiselle Clairon, et aussi de mademoiselle Dumesnil.

Je la trouvai bien supérieure dans *Aménaïde*, rôle par lequel elle signala son entrée sur la grande scène, à ce qu'elle avait été dans *Hermione*. Mais j'en fus moins satisfait dans *Ariane* et dans *Idamé*, rôles à la vérité bien plus difficiles, et où mademoiselle Clairon n'excella qu'après avoir acquis par de longues études la connaissance de tous les mystères du cœur humain et de tous les secrets de son art.

Madame Vestris s'essaya aussi dans la comédie : elle joua *Célimène* dans le *Misanthrope*, la *Marquise* dans la *Surprise de l'amour*, et *Nanine* dans la pièce de ce nom; mais ce fut sans succès. Cette facilité, cet abandon, ce naturel sans quoi on ne peut réussir dans ce genre, lui manquaient absolument. Sa figure même, qui semblait trop jolie dans les rôles tragiques, paraissait trop grave dans les rôles comiques. C'est sans doute par la conscience qu'elle avait de la nature de ses moyens, que, renonçant à la comédie, elle se renferma dès-lors dans la tragédie, et même que, de préférence à ces rôles tendres et passionnés où l'on ne réussit que par des mouvemens imprévus et des inspirations subites, elle affectionna les rôles sévères, où les plus grands effets sont le résultat du calcul et de la composition, tels que ceux de *Rodogune*, de *Viriate* et de *Laodice*. Mais ces rôles touchaient à l'emploi des reines: de là les démêlés de madame Vestris avec mademoiselle Sainval.

Une actrice favorisée par les puissans l'est naturellement aussi par les auteurs: presque tous confièrent à madame Vestris, de préférence à mademoiselle Sainval, les rôles les plus importans dans leurs tragédies. C'est elle qui, dans l'origine, joua *Lanassa* dans la *Veuve du Malabar*, ce qui n'empêcha pas cette tragédie-là de tomber; c'est elle aussi qui, dans l'origine, joua *Euphémie* dans *Gaston et Bayard*, ce qui n'empêcha pas cette tragédie de réussir.

Des rôles nouveaux, celui où elle produisit le plus d'effet, c'est sans contredit *Gabrielle de Vergy*. Sa pantomime énergique, ses cris inarticulés, ses mouvemens convulsifs au moment où elle trouve le cœur de son amant dans la coupe que lui a laissée son époux, tout cela produisait un effet si profond, que, lui attribuant ce qui appartenait à la situation, on la proclama actrice sublime.

Elle ne l'a jamais été, mais elle fut souvent actrice habile. Possédant à fond la pratique du métier, elle sut quelquefois faire oublier qu'elle manquait de sensibilité, et faire du sentiment à force d'art.

L'impression de *Gabrielle de Vergy* fut si profonde, que des hommes même ne purent pas la supporter. Quant aux femmes, on avait peine à suffire aux secours qu'exigeaient celles qui s'évanouissaient. On en peut juger par cette lettre adressée aux auteurs du *Journal de Paris*.

Mercredi 16 juillet 1777.

« C'est aujourd'hui, Messieurs, la seconde repré-
» sentation de *Gabrielle de Vergy*; la pièce est mé-
» diocre, mais le dénouement fera foule, comme l'a
» prédit un de vos correspondans. Je vous prie donc
» de vouloir bien donner avis aux dames que la loge
» dans laquelle elles s'étaient jetées en foule samedi
» dernier, et où il ne s'est trouvé qu'une légère pro-
» vision d'eau de Cologne, sera pourvue de toutes
» les eaux spiritueuses, de tous les sels qui peuvent
» convenir aux différens genres d'évanouissemens :
» ainsi les dames peuvent compter sur toutes les com-
» modités dont on a besoin pour se trouver mal. »

Madame Vestris était la Melpomène des académiciens. A l'exemple de Dubelloy, Chamfort lui confia son principal rôle dans la seule tragédie qu'il ait faite, *Mustapha et Zéangir*, pièce, au reste, suffisante à sa fortune et à sa gloire, puisqu'elle lui valut les faveurs de la Cour et une place à l'Académie. La Harpe fit pour elle les rôles de *Jeanne de Naples* et de *Véturie*, et Ducis ceux d'*Alceste* dans *Œdipe chez Admète*, d'*Helmonde* dans *le Roi Léar*, et de *Frédégonde* dans *Macbeth*, qui n'eut pas de succès d'abord, mais qu'on dit s'être relevé depuis.

Voltaire lui-même sacrifia à l'idole; il remit à madame Vestris le rôle d'*Irène*, qu'il avait retouché pour le rendre plus digne d'elle. « Madame, lui dit- » il, j'ai travaillé pour vous toute la nuit comme un » jeune homme. »

Madame Vestris fit preuve de son talent accoutumé dans ces diverses pièces, et aussi dans *Roxelane et Mustapha*, tragédie d'un M. Maisonneuve, laquelle fut donnée en 1785 avec beaucoup plus de succès que n'en avait obtenu le *Mustapha* de Chamfort, et n'ouvrit pourtant pas à son auteur la porte de l'Académie.

C'est la dernière pièce où j'ai vu madame Vestris. Cette actrice a, dit-on, déserté depuis le théâtre qui fut son berceau, et, de concert avec d'autres ci-devant comédiens du Roi, est allée fonder au Palais-Royal un théâtre de la République. En cela, elle ne fit pas bien : il faut mourir dans l'église où on est né. Je n'aime pas les schismatiques, même en fait de comédie.

Madame Vestris est représentée ici en scène avec Lekain, dans le rôle d'*Azéma*. Ce n'est pas un de ceux qu'elle jouait le mieux.

Son nom de famille, au théâtre, était Dugazon; l'acteur de ce nom était son frère. Elle avait épousé un frère du célèbre Vestris, du *diou* de la danse.

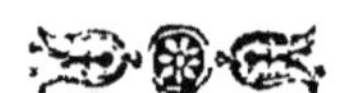

Mlle RAUCOURT. BRISARD.

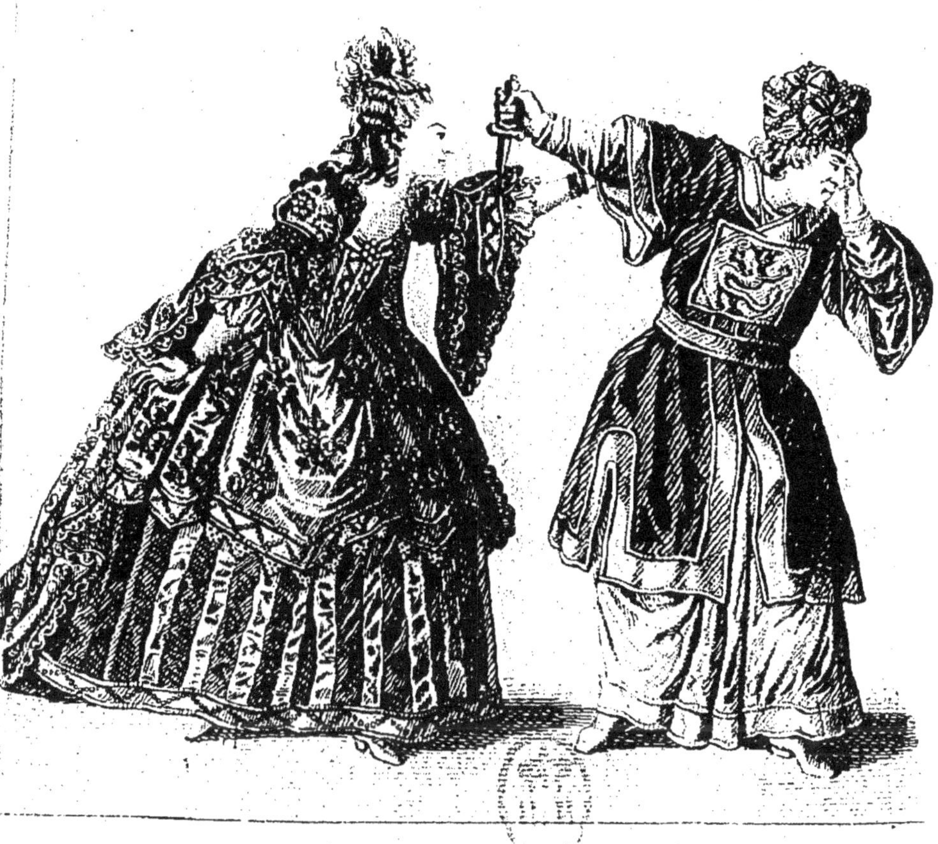

Idam. Zamti.

1. *Tiens, commence par moi; tu le dois, tu balances.*

2. *Je ne puis......*

Dix-huitième Lettre.

Mademoiselle Raucourt (1).

Son nom de famille était *Saucerote*, nom assez mal sonnant pour une reine; aussi ne l'a-t-elle jamais pris, du moins sur les affiches.

Les succès de mademoiselle Sainval cadette étaient interrompus depuis quelques mois; mais le théâtre retentissait encore des applaudissemens qu'elle avait obtenus, quand ils furent couverts tout à coup par ceux qu'on prodigua à mademoiselle Raucourt.

Fille d'un comédien, mademoiselle Raucourt, dès l'âge de seize ans, s'était acquis, sur le théâtre de Rouen, assez de réputation dans le rôle d'*Euphémie* (2), pour que les gentilshommes de la chambre

(1) Née à Nancy en 1750, morte à Paris en 1815.

(2) Dans *Gaston et Bayard*.

pensassent qu'elle dût être appelée à Paris. Ils lui envoyèrent en conséquence un ordre de début, en vertu duquel, après avoir pris, pendant six mois, des leçons de Brizard, elle parut le 14 décembre 1772, sur le Théâtre-Français, dans le rôle de *Didon*.

Aucun rôle n'était plus propre que celui-là à faire valoir les avantages que réunissait cette jeune actrice. Frappé de la noblesse et de la régularité de ses traits, de l'élégance et de l'élévation de sa taille, le public s'aperçut moins d'abord des qualités qui lui manquaient que de celles qu'elle possédait; prenant l'art pour de l'inspiration, l'intelligence pour de la sensibilité, il la proclama parfaite.

Pendant une année entière, cet enthousiasme s'accrut à chaque rôle où elle se montra. Dans ceux d'*Idamé*, de *Monime* et d'*Emilie*, on ne la trouvait pas moins admirable que dans *Didon*. A vous parler franchement, mon neveu, quoique je ne fusse pas insensible à la beauté de la débutante, que la nature avait véritablement modelée pour être reine, j'étais loin de partager l'illusion générale. Mademoiselle Raucourt, qui m'avait laissé beaucoup à desirer comme reine de Carthage, me satisfit moins complétement encore comme amante de *Xipharès* et comme épouse de *Zamti*. Jamais ses combinaisons ne purent m'arracher une de ces larmes que je n'avais pu refuser aux accens si naturels de la petite Sainval. Je dois l'avouer pourtant, elle me plut assez dans le rôle d'*Emilie*, et elle m'y semblait pénétrée quelquefois du génie de Corneille.

Ce rôle, au reste, est celui où elle produisit l'impression la plus profonde et la plus soutenue, celui où elle excita le plus le dépit de ses rivales, dépit qui n'était pas ignoré du public. Aussi, une des représentations de *Cinna* ayant été troublée par des miaulemens pendant qu'elle était en scène, *Je parie*, s'écria un habitué du parterre, *que c'est le chat de madame Vestris.*

Jamais sujet, quoi qu'il en soit, n'obtint une faveur plus unanime. Non-seulement la cour s'accordait sur ce point avec la ville; mais les deux partis dans lesquels se divisait la Cour, n'avaient à ce sujet qu'une même opinion. Louis XV, qui aimait peu la tragédie, entendit, par intérêt pour mademoiselle Raucourt, presque sans bâiller, les cinq actes de M. de Pompignan. La Dauphine, à qui Sa Majesté la présenta sous le nom de la *reine Didon*, lui prodigua des éloges et des gratifications; et madame du Barri, en lui donnant des habits de théâtre, ajouta aux encouragemens qu'elle lui accorda des conseils de sagesse.

La moderne *Didon* ne paraissait pas en avoir besoin. La plus belle des actrices en était aussi la plus sage, et n'était pas moins célèbre par sa vertu que par son ta lent. Deux ans après, c'était tout autre chose, bien qu'elle n'eût rien perdu de son talent. cela lui porta malheur. On avait cessé de l'estimer, on cessa de l'admirer. Passant même d'une extrémité à l'autre, le public se montra presque aussi injuste dans sa rigueur, qu'il s'était montré exagéré dans sa bienveillance. Je me rappelle qu'au jour de la clôture de l'année théâtrale, en 1774, insultant l'idole qu'il avait tant encensée, il poursuivit impitoyablement de ses sifflets, pendant tout le cours de la représentation d'*Andromaque*, cette pauvre demoiselle Raucourt, qui, chargée du rôle d'*Hermione*, ne le jouait pourtant ni moins bien ni plus mal qu'au temps où elle y était accablée d'applaudissemens.

Un incident lui reconquit encore une fois les bonnes grâces du parterre. Spéculant sur la faveur qui s'attachait à toutes les productions de J.-J. Rousseau, la Comédie-Française résolut de jouer le *Pygmalion*. Pour justifier la folle passion de cet artiste, on ne pouvait choisir une trop belle statue. Mademoiselle Raucourt fut chargée de ce rôle. L'effet qu'elle produisit sur les spectateurs quand le voile qui la leur cachait s'écarta, est plus facile à concevoir qu'à décrire. C'était une divinité sur un piédestal, et cette divinité n'était pas de marbre. *C'était*, disait La Harpe avec sa voix criarde, *c'était la tête de Vénus et la jambe de Diane.*

Ce n'était plus le corps de Minerve. Mademoiselle

Raucourt, à qui les poètes du jour avaient à l'envi adressé des vers, leur inspirait encore des chants, mais ils y célébraient tout autre chose que ses rigueurs. En la proclamant *la plus belle des Didons*, Dorat la reconnaissait pour *moins chaste que Pénélope;* il aurait pu ajouter pour moins économe. Si grandes qu'elles fussent, les profusions dont elle était l'objet, étaient moins grandes que les siennes. Accablée de dettes, il lui fallut se cacher, s'expatrier même pour se soustraire à la poursuite de ses créanciers.

Nous ne la suivrons pas dans des excursions commandées par des intérêts tout-à-fait étrangers à l'art dramatique. C'est l'histoire de son talent surtout que je fais ici; je ne dois pourtant pas omettre un fait qui caractérise l'époque où l'on vivait alors. Plus célèbre encore par ses désordres que par ses succès, cette actrice, en son absence, occupait toujours l'attention publique : faisant allusion, par leurs modes, aux causes de son départ, les dames portaient pour coiffure des *paniers percés*, ou des paniers *sans fond*, qu'on appelait bonnets *à la Raucourt*.

Rayée depuis trois ans du tableau de la Comédie-Française où, par une faveur presque sans exemple, elle avait été inscrite après six semaines d'épreuves seulement, mademoiselle Raucourt s'était vue réduite à prendre de l'emploi dans une troupe de province, quand les gentilshommes de la Chambre la rappelèrent à Paris pour remplacer mademoiselle Sainval l'aînée, qu'ils en avaient exilée par galanterie pour madame Vestris.

La position de mademoiselle Raucourt, dans la circonstance, était difficile. Les préventions qui existaient contre elle se fortifiaient de l'intérêt qu'on portait à l'actrice persécutée. Elle eut d'abord lieu de s'en apercevoir. Son esprit la tira de ce mauvais pas. Modeste par calcul, et montrant moins de présomption que de résignation, elle désarma la malveillance par son attitude plutôt que par son talent. On la supporta d'abord, puis on s'y accoutuma.

Ce que la réflexion et la combinaison peuvent donner, mademoiselle Raucourt l'obtenait assez habituellement. Mais ces heureuses inspirations qui sont moins une imitation qu'une reproduction de la nature, elle les rencontrait bien rarement. Imposante par ses attitudes, imposante par son jeu muet, elle produisait bien plus d'effet par son silence que par sa déclamation; encore exagérait-elle souvent ce moyen d'en imposer, et son jeu avait-il plus généralement le caractère de l'affectation que de la profondeur.

L'emploi de ces facultés-là, mon neveu, devait s'appliquer plus heureusement aux rôles où la politique domine, et qui sont empreints de fierté plus que de sensibilité. Aussi, bien qu'elle jouât avec habileté quelques rôles de Racine, tels que ceux de *Roxane* et d'*Agrippine*, mademoiselle Raucourt n'était-elle vraiment bien que dans les rôles de Corneille, ceux de *Chimène* et de *Pauline* exceptés, que dans les rôles de *Camille*, de *Viriate*, de *Cléopâtre* et de *Léontine*, qu'on pourrait toutefois mieux jouer qu'elle.

Dans *Mérope*, elle manquait d'entrailles, et de sensibilité dans *Aménaïde*. Mais elle avait de beaux momens dans *Sémiramis*, dans *Jocaste* et dans *Marguerite d'Anjou*. Quelle différence pourtant d'elle à l'inimitable Dumesnil!

Quelle différence aussi d'elle à mademoiselle Clairon dans *Médée!* rôle qu'elle débitait en grossissant sa voix déjà rauque de sa nature, et qu'elle hurlait comme pour faire peur aux petits enfans.

Elle a établi avec succès quelques rôles nouveaux, et particulièrement celui d'*Orphanis*, dans la tragédie de ce nom, comme le constate une épître tant soit peu galante que lui adressa M. Blin de Sainmore.

Comme mademoiselle Clairon et mademoiselle Dumesnil, mademoiselle Raucourt s'est produite quelquefois dans la comédie; et ce qui prouve qu'elle possédait jusqu'à un certain point le don de l'imitation, c'est qu'elle la jouait avec décence. Elle se faisait applaudir particulièrement à ce titre dans la tante de *la Coquette corrigée.* Mais elle se faisait applaudir bien plus encore dans *le Jaloux*, de Rochon de Chabannes, où elle jouait le rôle d'une femme travestie en capitaine de dragons. Elle y semblait dans les habits de son sexe, tant elle y était à l'aise.

M. Larive, ainsi qu'on l'a vu, ne dédaignait pas de paraître en maître d'escrime, dans *le Bourgeois gentilhomme;* Lekain s'amusait quelquefois à porter la chaise du marquis de *Mascarille,* qui, par parenthèse, ne manquait pas de le gratifier d'un bon soufflet. A leur exemple, mademoiselle Raucourt se montra un jour dans la nourrice du *Médecin malgré lui*, après avoir joué le même soir, dans *Nanine*, le rôle de la vieille comtesse. Sa vie n'eût pas été mêlée de scandale, si elle ne se fût permis que de ces écarts-là.

Marchant à la célébrité par toutes les routes, mademoiselle Raucourt essaya aussi de se faire applaudir comme auteur sur la scène où, comme actrice, elle avait éprouvé tant de vicissitudes. Elle fit jouer, en 1782, un drame intitulé : *Henriette* ou *la Fille déserteur.* Le drame n'était pas bon; mais comme elle y paraissait en soldat avec un uniforme des plus écourtés, la foule vint sept à huit fois siffler la pièce et claquer l'auteur.

Là finit pour moi l'histoire de cette reine, de cette héritière des Clairon, des Sainval et des Dumesnil. Si depuis que je me suis retiré du monde, cette histoire s'est enrichie de quelques faits dignes d'être recueillis, c'est à vous, mon neveu, à la compléter.

Mademoiselle Raucourt est représentée ici dans le rôle d'*Idamé*, en scène avec Brizard qui jouait le rôle de *Zamti* (1). J'eusse aimé mieux la voir en soldat prussien.

(1) Voyez la planche en regard.

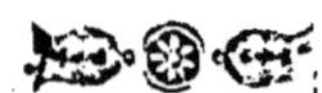

MOLÉ. M.elle OLIVIER. M.elle CONTAT.

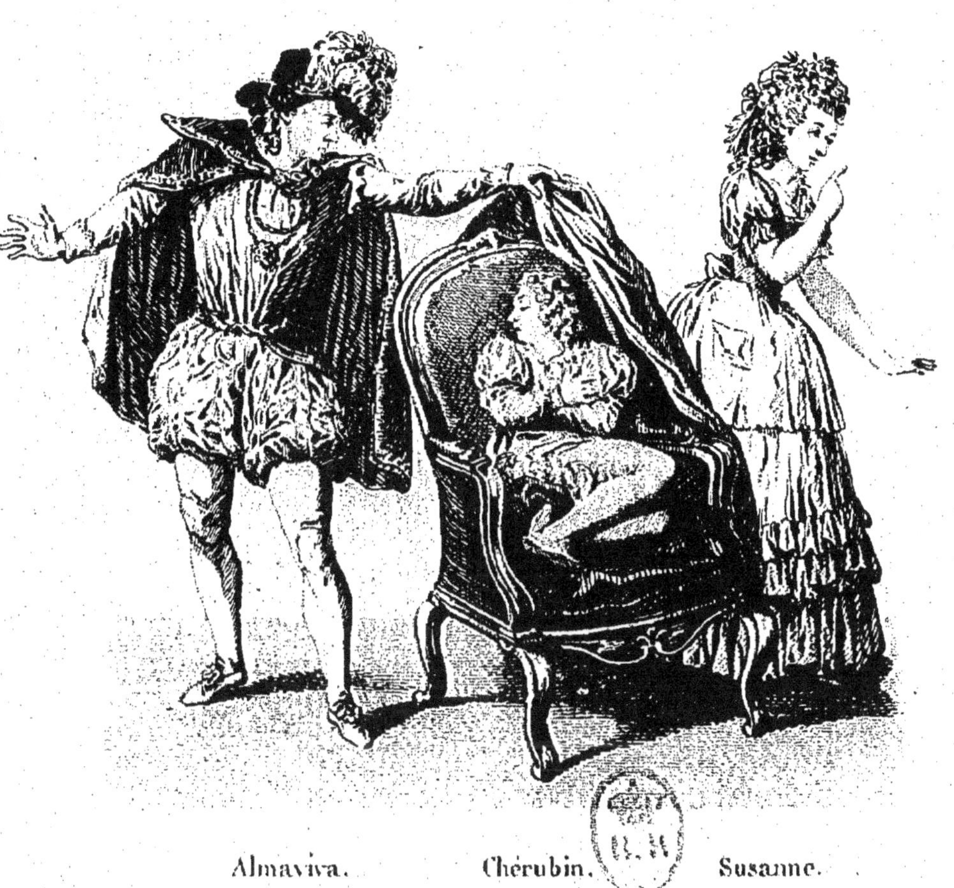

Almaviva. Chérubin. Susanne.

Le C. *C'est donc une couleuvre que ce petit serpent là, il nous écoutait.*

Le Mariage de Figaro. Acte 1.er Scène 9.e

Dix-neuvième Lettre.

Mademoiselle Contat (1).

Mon cher neveu, vous ne l'avez pas vue dans sa jeunesse. Je veux vous la faire connaître. A des formes altérées par l'obésité, substituez la taille la plus svelte, la plus élégante; à un visage d'une expression grave et imposante, substituez une physionomie étincelante de vivacité et d'enjouement; figurez-vous enfin une femme qui, aussi spirituelle que jolie, est aussi jolie qu'il est possible de l'être, et vous aurez une idée de ce qu'était mademoiselle Contat à vingt-quatre ans.

Dès-lors son talent était au niveau de sa beauté: profondeur et finesse, gaîté et sensibilité, elle réunissait tous les dons qui, dans la comédie, font l'actrice

(1) Née en 1760, à Paris, où elle est morte en 1813.

parfaite. Donnant l'accent le plus juste à tous les sentimens qu'elle exprimait avec la voix la plus mélodieuse (1), elle avait le don de répandre sur tous les rôles dont elle se chargeait, je ne sais quel charme qui, semblable au vernis répandu sur un tableau, en faisait ressortir toutes les parties.

Les débuts de cette femme qui devait tourner toutes les têtes, furent pourtant si peu brillans qu'on s'étonnait qu'elle eût été reçue après quinze mois d'épreuve.

C'est à la vérité dans la tragédie qu'elle avait débuté. Ce genre n'était pas le sien. Indépendamment de ce que sa beauté n'avait pas le caractère de sévérité qu'il exige, sa voix, si suave dans l'expression des sentimens modérés, perdait tout son charme quand elle exprimait les grandes douleurs. Alors elle blessait l'oreille plus qu'elle ne pénétrait le cœur.

Le rôle d'*Atalide*, c'est celui que mademoiselle Contat avait choisi pour ses essais, ne lui offrait pas d'ailleurs l'occasion de développer les facultés qui dormaient en elle, et qui devaient l'élever au premier rang des actrices comiques.

Condamnée à ne guère jouer que des confidentes de tragédie, elle étudiait cependant quelques rôles de

(1) Notre oncle n'a probablement pas entendu la voix de mademoiselle Mars; autrement, aurait-il employé ici le superlatif?

l'emploi comique sous la direction de madame Préville, qui alors l'occupait en chef. Un succès inespéré qu'elle obtint dans les *Folies amoureuses* où elle jouait le rôle d'*Agathe*, lui révéla, ainsi qu'au public, son véritable talent.

Eclairés aussi par cette représentation, les auteurs s'empressèrent de l'employer. Palissot s'estima heureux de lui voir accepter dans ses *Courtisanes* un rôle que madame Préville avait dédaigneusement refusé. Dubuisson lui donna un rôle important dans sa comédie du *Vieux Garçon*, et, peu de temps après, le marquis de Bièvre lui confia, dans le *Séducteur*, le rôle d'*Orphise*, qui, dans cette pièce, est à peu près ce qu'est miss Howe dans le roman de *Clarisse*, et Claire dans la *Nouvelle Héloïse*, c'est-à-dire une femme qui a de la raison pour tout le monde.

Tout en se saisissant des rôles négligés par madame Préville, mademoiselle Contat entrait insensiblement aussi en possession de tout l'emploi de cette actrice, celui des *grandes coquettes*, et le jouait mieux à mesure que, s'abandonnant à son propre instinct, elle s'éloignait de la manière de son institutrice qu'elle s'était efforcée d'abord d'imiter. Bientôt le public n'y voulut plus voir qu'elle. Sa réputation semblait ne plus pouvoir s'accroître, quand Beaumarchais, qui, ainsi que je crois vous l'avoir dit, était habile à démêler les aptitudes de chacun, devina que cette grande coquette possédait aussi tout ce qui ferait une soubrette accomplie, et lui offrit, dans le *Mariage de Figaro* le rôle de *Suzanne* (1). On ne peut s'exagérer le charme que mademoiselle Contat, alors dans toute la plénitude de sa beauté et de son talent, répandit sur ce rôle, le plus gracieux peut-être qui soit au théâtre. Déployant dans un degré supérieur les facultés les plus opposées, elle jouait mieux que personne dans cette pièce qui était jouée le mieux possible. Etrangère à toute exagération comme à toute affectation, la gaîté s'alliait toujours en elle à la décence, l'esprit au naturel, et l'aisance au bon ton. Cela, au reste, se concevra facilement quand on saura que, douée du jugement le plus sain et du tact le plus délicat, elle vivait dans la société la plus spirituelle de l'époque, et réunissait chez elle les hommes les plus aimables de la cour et de la ville (2). Admis quelquefois à ses soupers, je n'ai jamais passé d'heures plus délicieuses. Quelle profusion de saillies animait, égayait cette conversation dont elle était l'âme! Provoqués par elle, ses convives avaient plus

(1) Voyez la planche en regard.

(2) Les moins remarquables n'étaient pas le comte de Narbonne, mort trente ans après, aide-de-camp de Napoléon, et l'abbé Talleyrand de Périgord, depuis évêque d'Autun, et qui fut successivement ministre du directoire, du consulat, de l'empereur et du roi.

d'esprit que tout le monde, mais aucun n'en avait autant qu'elle.

Depuis le *Mariage de Figaro*, où elle s'était tant élevée au-dessus des autres, elle s'éleva encore au-dessus d'elle-même, par l'habileté avec laquelle elle sut saisir ce mélange de légèreté et de sensibilité qui caractérise certains rôles, et particulièrement celui de la *Coquette corrigée*, qu'elle rendait avec une grâce ravissante.

Quel heureux caractère aussi elle avait imprimé à madame de *Volmar* dans le *Mariage secret!* personnage qui n'est pas sans analogie avec l'*Orphise* du *Séducteur*, mais qui, placé dans une situation moins grave, ne repoussait pas tout enjouement. Là encore c'était l'amitié prêtant les secours de sa raison à des amans qui, sans elle, n'en auraient pas eu.

Réalisant tous les jours la fable de Protée, se multipliant par la variété des formes qu'elle savait prendre, et se renouvelant sans cesse en renouvelant tous les rôles de son emploi, elle n'était pas moins étonnante dans les pièces de Marivaux, où le succès n'est permis qu'aux esprits assez déliés pour en comprendre toutes les subtilités, que dans ces rôles où Molière, peignant la nature à grands traits, veut, pour être bien rendu, un interprète dont l'intelligence soit à la hauteur de son génie.

Un embonpoint précoce ayant altéré, avant l'âge de trente ans, certains avantages qu'elle avait possédés dans toute leur perfection, et qui caractérisent la première jeunesse, mademoiselle Contat quitta, dès qu'elle s'en aperçut, les jeunes rôles, pour prendre des rôles plus marqués. Elle donna en cela une preuve de l'excellence de son jugement.

On n'a pas au théâtre l'âge de son baptistaire, mais celui de sa figure, mais celui de toute sa personne. On n'a pas au théâtre l'âge qu'on a, mais l'âge qu'on paraît avoir. On a vu des femmes privilégiées conserver, dans l'âge où la beauté n'existe plus chez les autres, tous les avantages de la jeunesse, et celles-là ont bien fait de conserver les rôles jeunes. Elles étaient jeunes en effet. Madame *Debrie*, qui, du temps de Molière, faisait les *amoureuses*, et, la première, joua l'*Agnès* de l'*École des Femmes*, conserva jusqu'à soixante-cinq ans les rôles de ce genre, où le public ne souffrait pas qu'elle fût remplacée. Elle fit bien. Une actrice dont le physique reçoit avant l'âge des altérations qui signalent un âge plus avancé, fait bien aussi de se créer un emploi qui s'accorde avec ses formes extérieures. Au théâtre, tout est illusion.

Mademoiselle Contat s'assura de nouveaux triomphes en s'emparant de certains rôles qui sont de l'emploi des *mères*, tout en conservant, dans celui des *grandes coquettes*, les rôles qui ne portent pas essentiellement le caractère de la première jeunesse, tels que la plupart de ceux qu'elle jouait dans les comédies de Marivaux et de Dancourt.

Son embonpoint, qui ne disconvenait pas à madame *Patin*, à madame *Blandineau*, ou dans les *Jeux de l'Amour et du Hasard*, les *Fausses Confidences*, la *Surprise de l'Amour*, et même dans la *Gageure*, figurait à merveille dans le comptoir de l'hôtesse des *Deux Pages*, et figura à merveille aussi dans le rôle de madame *Evrard*, le dernier rôle où j'ai vu cette admirable actrice.

Des affaires impérieuses m'avaient appelé accidentellement, et bien contre mon gré, à Paris. Sur le bruit qu'on faisait de la pièce et des acteurs, j'en voulus juger par moi même, et voir le *Vieux Célibataire*. Je n'eus pas lieu de me repentir de ma curiosité. Cette excellente comédie était jouée par Molé, Fleury et Dazincourt, de manière à me rappeler les plus beaux jours de la Comédie-Française. Quant à mademoiselle Contat, elle y était au-dessus d'elle-même.

Là finit pour moi sa vie, qui s'est prolongée de dix-huit années pour le théâtre. C'est à vous, mon neveu, à la finir et à me mettre au courant, si vous en avez le loisir. Adieu.

Mlle DOLIGNY. BELLECOUR DESESSARTS.

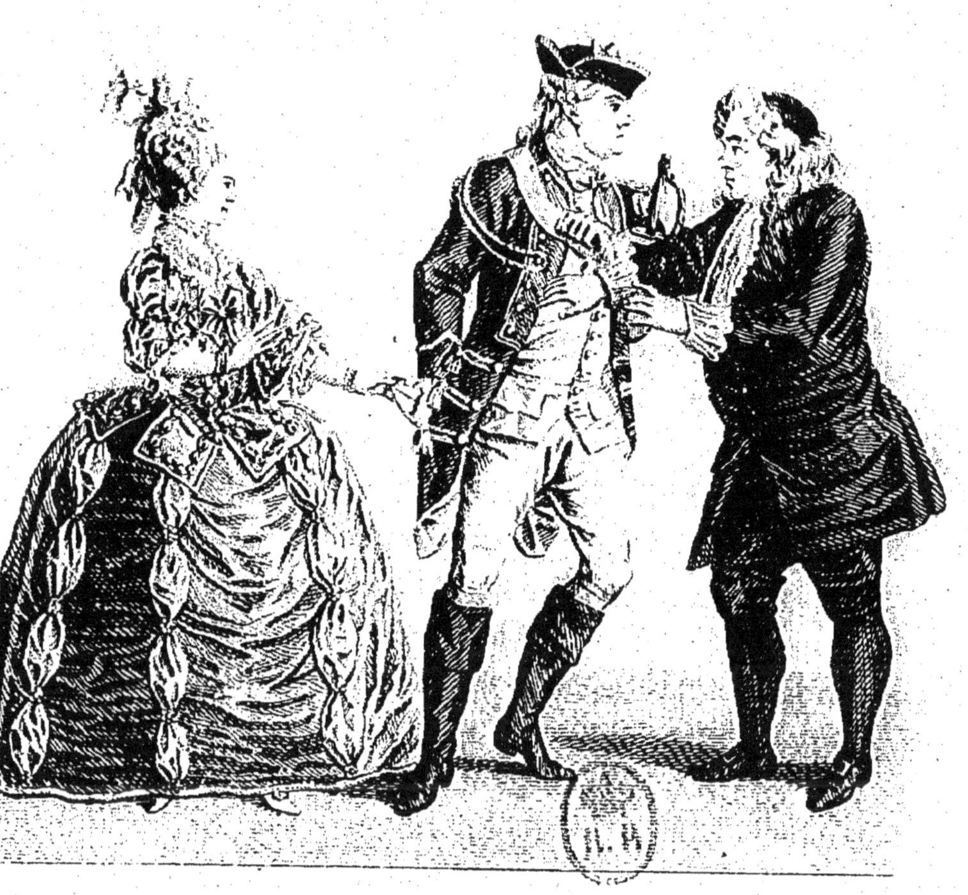

Rosine. Le Comte. Le Docteur.

Le Comte. *Dulciter ! papa, chacun son affaire.*

Le Barbier de Séville. Acte II Scène 14.

Vingtième Lettre.

Mademoiselle Doligny (1).

Elle est représentée ici dans le rôle de *Rosine* du *Barbier de Séville* (2), rôle qu'elle a joué d'original; c'est un de ceux qui se prêtent le plus au développement du talent d'une véritable actrice. Il exige de la finesse, de la malice même; mais il les veut alliées à beaucoup de décence. Mademoiselle Doligny possédait ces qualités diverses. Celle qui dominait en elle, c'est toutefois une exquise sensibilité. De plus, elle avait l'avantage d'en exprimer tous les mouvemens avec la voix la plus touchante.

Livrée exclusivement au genre comique, elle débuta en 1763 dans les rôles de mademoiselle Gaussin, rôles

(1) Née en 1748.

(2) Voyez la planche en regard.

que mademoiselle Hus fut bientôt obligée de lui céder. Celle-ci était incomparablement plus jolie; mais mademoiselle Doligny plaisait davantage. Elle possédait ce don qui ne s'acquiert pas,

Cette grâce plus belle encor que la beauté.

Les rôles d'*Angélique*, dans *la Gouvernante*, de *Lisette*, dans *le Glorieux*, commencèrent sa réputation, qui se soutint pendant vingt ans sans éprouver la moindre altération. Elle était excellente, surtout dans les pièces de La Chaussée.

Mademoiselle Doligny, vous ai-je dit, se faisait remarquer au théâtre par une décence extrême; elle y était, sous ce rapport, ce qu'elle était en société, où elle pouvait servir de modèle aux femmes du monde, ainsi qu'en scène elle en servait aux actrices.

Irréprochable comme son talent, sa conduite lui avait aussi concilié la faveur publique; une grande estime se mêlait à l'admiration qu'on lui portait. Elle en eut la preuve quand, au bout de vingt ans de service, elle demanda la retraite, à laquelle elle avait droit.

Agée à peine de trente-cinq ans, elle pouvait doubler au moins sa carrière. On fit tout pour l'y décider. Les gentilshommes de la Chambre, uniquement sensibles cette fois à l'intérêt de l'art, firent tout ce qui dépendait d'eux pour la retenir; mais rien ne put changer sa résolution.

Mademoiselle Doligny était assez riche quand elle se retira; et, il faut le dire, à l'honneur de l'époque autant qu'au sien, les libéralités que des personnes puissantes lui avaient faites par estime pour sa bonne conduite, n'avaient pas moins contribué à sa fortune que son économie. Louis XVI, en cette considération, lui fit une pension particulière, indépendamment de celle que lui faisait la Comédie-Française. La vertu lui fut aussi profitable sous ce règne que, sous le règne précédent, le lui eût été le vice.

Mademoiselle Doligny, en quittant le théâtre, se maria : c'était finir aussi bien que mademoiselle Hus, après avoir mieux commencé.

Elle épousa M. Dudoyer, homme estimable, qui l'aimait depuis long-temps avec passion, et s'était fait connaître par quelques pièces de théâtre, dont la plus importante est un drame en cinq actes et en vers libres, intitulé *le Vindicatif*.

Cette actrice est peinte à merveille, tant au moral qu'au physique, dans ces vers de Dorat :

Par tes talens et la décence,
Tu nous captives tour à tour,
Et tu souris comme l'Amour,
Quand il avait son innocence.

Vingt-unième Lettre.

Mademoiselle Olivier (1).

QUAND mademoiselle Doligny se retira, on croyait qu'elle ne pouvait pas être remplacée dans les rôles ingénus, et cependant la jeune et modeste Olivier faisait déjà partie de la Comédie-Française.

Jolie comme un ange, fraîche comme une rose, douée d'une sensibilité exquise et d'une voix enchanteresse, aux qualités de mademoiselle Doligny, Olivier joignait plus de grâce encore : toutes celles de la jeunesse se réunissaient en sa personne.

Son talent, comprimé d'abord par une excessive timidité, se manifesta tout entier en 1783, dans *le Séducteur*, où elle jouait le rôle de *Rosalie*, et surtout

(1) Née à Londres en 1764, et morte à Paris en 1787.

en 1784, lors des représentations du *Mariage de Figaro*, dans le rôle si heureux du petit page. Elle y tournait la tête à toutes les femmes et à tous les hommes.

Hélas! cette gracieuse créature ne parut que pour se faire regretter. Elle venait d'obtenir un nouveau succès dans *l'Ecole des Pères*, de M. Pieyère, quand elle fut emportée presque subitement par une fièvre maligne.

Son épitaphe semble avoir été faite par prévision. Chacun récitait, en pensant à sa mort si subite et si prématurée, cette stance de Malherbe :

> Las! elle était du monde où les plus belles choses
> Ont le pire destin;
> Et, rose, elle a vécu ce que vivent les roses,
> L'espace d'un matin.

en 1786 [illegible] dans le rôle [illegible] du petit page. Elle [illegible] toujours, [illegible] et tous les hommes.

Mais cette [illegible] pour [illegible] quand [illegible]

[illegible]

BONNEVAL. AUGER.

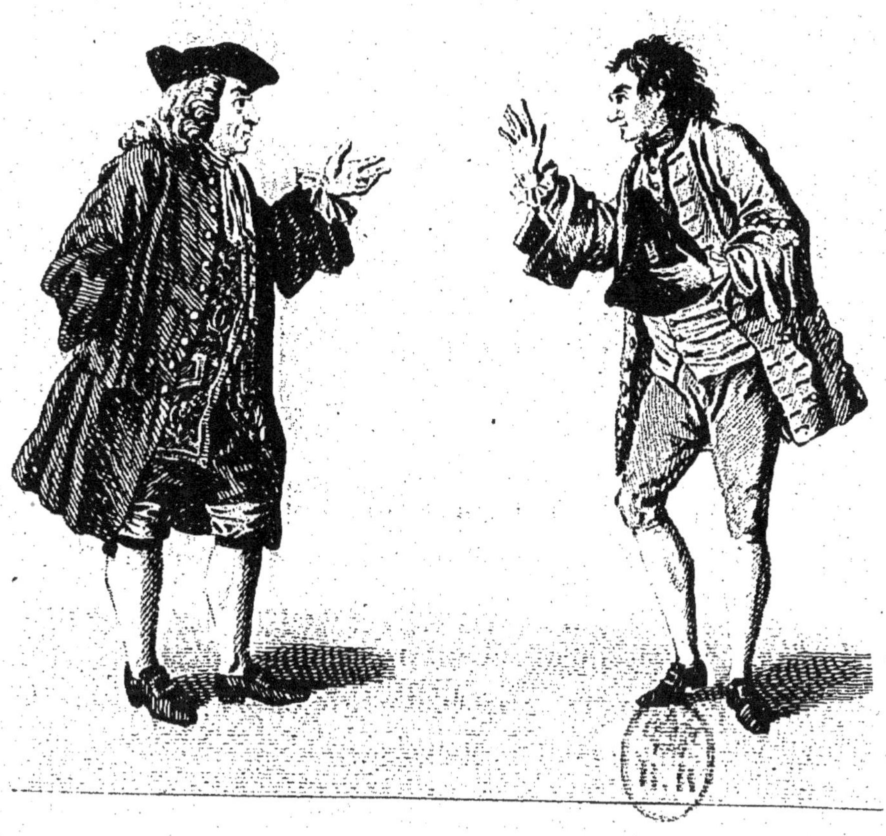

Bernard. Lolive.

B. *Vous êtes un ivrogne, qui ne bougez pas du cabaret.*

Le Tuteur. *Scène 10.*

Vingt-deuxième Lettre.

Désessarts (1) et Bonneval.

Désessarts est ce gros homme qui figure, sous le costume de Bartholo, avec Bellecour et mademoiselle Doligny, dans la scène du *Barbier de Séville* (2).

Avant d'être comédien, Désessarts avait exercé l'état de procureur à Langres, où il était né. Je ne sais quel motif le détermina à quitter cet état pour l'autre; mais il est à remarquer qu'il n'est ni le premier ni le dernier praticien qui ait eu cette fantaisie, ou plutôt cette volonté. Le public n'eut pas à s'en plaindre; elle tourna tout à son avantage : les procureurs, même honnêtes, sont moins rares que les bons comédiens.

(1) (Denis Duchanel, dit) né à Langres en 1738, et mort à Barrège en 1793.

(2) Voyez la planche en regard de la page 161.

Désessarts était né tel. De plus, il semblait fabriqué pour jouer les rôles à manteau et les financiers. Son embonpoint précoce, qui ne répugnait pas à cet emploi, ne lui eût guère permis d'ailleurs de se hasarder dans un autre.

Il le remplissait avec succès à Marseille, quand Bellecour, qui, dans ses tournées, était venu s'exercer sur le théâtre de cette ville, frappé de la franchise de son jeu, le proposa à la Comédie-Française pour remplacer Bonneval qui venait de se retirer. Appelé à Paris sur cette recommandation, Désessarts la justifia par le talent avec lequel il joua *Lisimon*, dans *le Glorieux* (1), *Orgon*, dans *le Tartufe*, *Arnolphe*, dans, *l'Ecole des Femmes*, *M. Grichard*, dans *le Grondeur*, et *George Dandin*. Son aspect provoquait le rire, son talent l'entretenait.

Ce rire était quelquefois excité aussi par le contraste du physique de Désessarts avec la situation où le plaçait son rôle. Sous ce rapport, il était plus plaisant que personne dans *le Malade imaginaire*. Qu'il était plaisant aussi de lui entendre dire, dans le rôle de *Petit-Jean*, qu'il jouait dans son noviciat :

> Pour moi, je ne dors plus, aussi je deviens maigre.

Des accès d'hilarité auxquels des rencontres de ce

(1) Voyez la planche en regard.

genre ont donné lieu, le plus vif est, sans comparaison, celui qui a signalé la première représentation de *la Réduction de Paris par Henri IV*, drame de M. Desfontaines. Le moyen de ne pas éclater de rire, quand, bouffi de graisse et regorgeant de santé, Désessarts, en qualité de prévôt des marchands, présentait au roi *le peuple exténué*, disait-il, *par une longue famine*.

Si dans cette circonstance il n'avait pas le physique du rôle, il n'en était pas de même dans le *Roi de Cocagne*, où il faisait le rôle de *Bombance* ou de *Ripaille*. Pour paraître dodu, ventru et jouflu, il n'avait pas besoin de recourir à l'artifice.

D'humeur joviale et facile, Désessarts supportait fort gaîment les plaisanteries que lui attirait son physique de la part de ses camarades, et surtout de la part de Dugazon qui l'avait pris pour l'objet de ses intarissables espiégleries. On peut s'étonner, d'après cela, de sa susceptibilité envers le jeune Fréron qui, dans l'*Année littéraire*, le raillant sur la nature de sa voix tant soit peu caverneuse, l'avait appelé *ventriloque*. Sur sa plainte, le lieutenant de police déclara que le journal où ce sarcasme était consigné, serait suspendu jusqu'à ce que le journaliste eût fait, dans la même feuille, au comédien offensé, des excuses qu'il refusa de faire.

Ce tort est, au reste, le seul qu'on ait eu à reprocher à Désessarts pendant les vingt ans qu'il resta au Théâtre-Français (1).

P.-S. A propos de Désessarts, un mot sur ce pauvre Bonneval (2) à qui il avait succédé. Ce n'était pas, à beaucoup près, un acteur sans mérite. La première preuve en est qu'il fut sifflé dans ses débuts, qui datent de 1741. Il venait doubler le dernier des La Thorillière, qui jouait de la manière la plus fausse l'emploi que Bonneval joua avec un naturel si précieux; ce n'est qu'après la retraite de celui-là qu'on s'aperçut que le double valait mieux que le chef d'emploi. Mais il fallut du temps pour cela.

Homme d'un grand sens, Bonneval savait entrer dans celui de Molière; il était admirable dans les pièces de ce grand homme, et particulièrement dans *l'Avare*. Whirsker eût mieux fait de le représenter dans ce caractère que dans un rôle des *Trois Cousines* (3).

(1) Il y était entré en 1773; il en sortit en 1792, et il mourut peu de temps après à Barrèges, où il était allé prendre les eaux, dans un intérêt politique autant au moins que dans un intérêt de santé. Le journaliste envers qui il s'était montré si sévère, siégeait alors parmi les législateurs, et pouvait prendre cruellement sa revanche.

(2) Né vers 1710; mort à Paris, en 1783.

(3) Voyez page 80, la planche en regard avec l'article d'*Armand*.

VANHOVE. | VANHOVE.

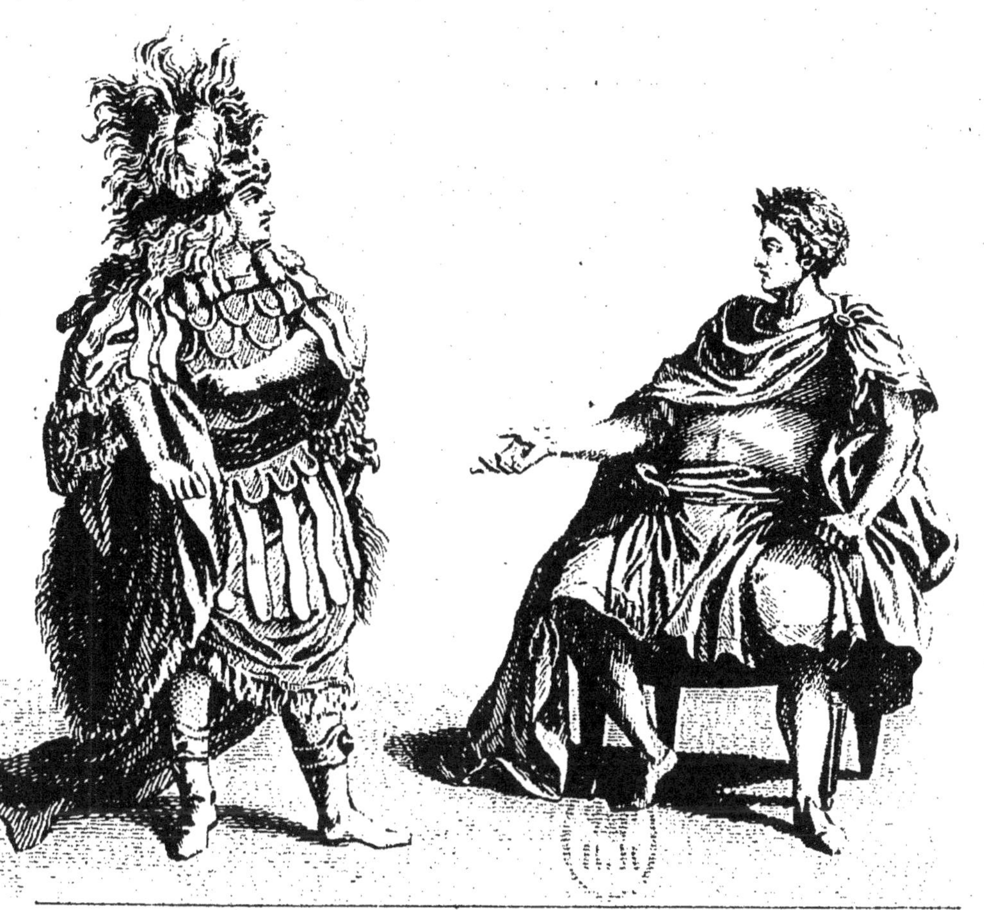

Agamemnon. | Auguste

…ais vous qui me parlez d'une voix menaçante
…bliez-vous ici qui vous interrogez ?

Cinna, tu t'en souviens, et veux m'assassiner.

…nie. Acte IV. Scène 6. | Cinna. Acte V. Scène 1.

Vingt-troisième Lettre.

Vanhove (1).

Brizard approchait de la soixantaine; son talent ne perdait rien de sa vigueur, mais le double emploi qu'il remplissait commençait à devenir lourd pour ses forces. Il avait évidemment besoin d'un aide. Vanhove se présenta pour le doubler.

Ce brave homme, qui remplissait à Bruxelles, comme à Paris Brizard, l'emploi des pères dans la tragédie et dans la comédie, ne possédait pas toutes les qualités qu'il exige; il manquait, entre autres choses, de noblesse, et n'avait ni profondeur ni étendue dans l'esprit; il n'était pourtant pas dénué de toute qualité. Le sentiment quelquefois lui tenait lieu d'intelligence, et le

(1) Né à Lille, en 1744, mort à Brunois en 1803.

faisait applaudir dans des situations pathétiques, même sur la scène tragique. Dans la comédie, il jouait d'une manière assez satisfaisante les rôles qui ne veulent que de la franchise et de la rondeur, et il était quasi bon dans le drame.

On voyait Vanhove sans déplaisir dans *Zopire*, dans *Narbas*, dans *Burrhus*, et même aussi dans *don Diègue*, et avec plaisir dans *le Père de famille* et *le Philosophe sans le savoir*. Mais dans les rôles d'*Auguste* (1) et d'*Agamemnon*, dans ceux de *Pharasmane* et de *Mithridate*, c'est autre chose : bourgeois dans les uns, bonhomme dans les autres, il n'était pas plus fait pour représenter les rois que pour représenter les tyrans.

De même, dans le rôle de *Zamti*, avait-il moins l'air d'un lettré que d'un maître d'école; comme dans le rôle de Joad, qu'il osait jouer aussi, ressemblait-il moins à un prince des prêtres qu'à un gardien de capucins.

En général, il entrait plus dans le sentiment d'une situation que dans le caractère d'un personnage; et rien n'annonçait dans son jeu qu'il connût l'histoire. Ou je me trompe, ou c'était un grand ignorant.

Sa déclamation habituelle était une véritable psalmodie qu'appesantissait encore sa prononciation viciée

(1) Voyez la planche en regard.

par l'accent flamand dont il n'a jamais pu se défaire entièrement, accent si lourd aux oreilles parisiennes.

Après la retraite de Brizard, Vanhove était, m'a-t-on dit, le meilleur des pères nobles qui fussent au Théâtre-Français. Qu'est-ce que c'était donc que ses doubles?

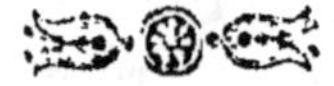

FLEURY. DESESSARTS.

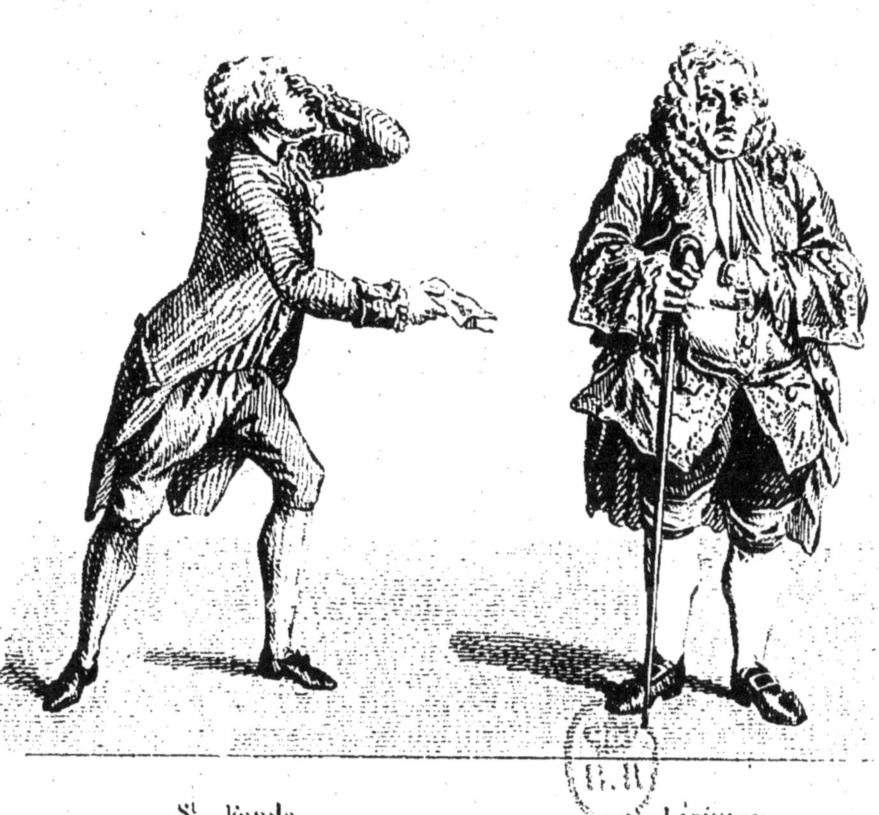

S[t]. Fonds. Lisimon.

… acceptez mais ne décidez pas | Il faut que je sois bien possédé du démon,
Pour souffrir les hauteurs d'un pareil [illegible]

[illegible] Acte IV Scène 10. Le Glorieux Acte III Scène [illegible]

Vingt-quatrième Lettre.

Fleury (1).

Cet acteur, dont j'entends parler avec de grands éloges, n'a pas eu des débuts aussi brillans que ceux de Molé, à beaucoup près. Il ne m'en paraissait pas pour cela devoir rester inférieur à cet enfant gâté du parterre, au niveau duquel l'estime publique le place aujourd'hui. Fleury me semblait dès-lors doué d'un tact très-fin, d'une intelligence très-étendue et d'une rare flexibilité de talent. Appelé à de grands succès dans tous les genres, l'héroïque excepté, il promettait dès-lors un successeur à Bellecour.

Il fallait que ces facultés fussent innées en lui,

(1) Bénard, né à Chartres en 1748, mort près d'Orléans en 1822.

puisqu'elles se développèrent sans le secours de toute éducation première. Abandonné à lui-même pendant ses jeunes années, il n'avait fait autre chose que polissonner avec des enfans de son âge : aussi s'en fallait-il de beaucoup qu'il fût, non pas savant, mais instruit. Il ne pouvait pas écrire sans faire des fautes grossières, et ne mettait guère mieux l'orthographe que ces seigneurs qu'il était destiné à imiter en tout. Mais, comme eux, il s'exprimait avec cette élégance qui prête au discours bien plus de charme que la pureté académique.

Tout cela s'explique; s'il écrivait sous l'influence de sa première éducation, c'est sous l'influence de la seconde qu'il parlait. Celle-là lui avait été donnée par l'habitude de réciter et d'entendre réciter avec goût les chefs-d'œuvre de la scène, les ouvrages les plus parfaits de la langue; et il s'y conformait, sans y songer, avec la fidélité d'un écho. Incapable de dire en quoi péchait une phrase, il l'était néanmoins de faire une phrase vicieuse, parce que sa mémoire ne lui fournissait que des locutions correctes.

Comme Bellecour, Fleury s'essaya d'abord dans la tragédie. Admis en 1772 à débuter à la Comédie-Française, il joua *Égyste* dans *Mérope*, et le joua médiocrement; aussi, quoiqu'il y eût été applaudi, fut-il renvoyé en province. Ce n'est qu'après six ans d'exercice sur différens théâtres qu'on le rappela à Paris. Cette fois, c'est dans la comédie qu'il se montra. C'était là son genre : il fut reçu.

Cela se passait au commencement de 1778. Bellecour étant mort vers la fin de cette année, son héritage se partagea d'abord entre Molé et Monvel. Mais peu de temps après, ce dernier ayant quitté la France pour aller exercer ses talens en Suède, la part qui lui était échue revint à Fleury.

Dès-lors, Fleury parut constamment en scène auprès de Molé qu'il faisait valoir, mais qui ne le déprimait pas. Leurs moyens de succès, au fait, étaient presque opposés. Fleury tirait surtout les siens d'un sang-froid qui contrastait de la manière la plus piquante avec la chaleur quelquefois excessive de Molé ; sang-froid qui donnait une valeur toute particulière à l'impertinente politesse et à l'élégant persifflage qui caractérisait les rôles dans lesquels il excellait. Il n'a rien laissé à desirer soit dans le colonel *du Cercle*, où il avait paru impossible de se faire supporter après Molé, soit dans *l'Homme à bonnes fortunes* et dans le *Dorval* du *Bourru bienfaisant*.

Comme Bellecour, il excellait aussi à représenter ces libertins du grand monde, ces ivrognes à talons rouges, qui apportaient au cabaret le ton de la grande société, et dans la grande société les habitudes du cabaret. Son devancier n'a pas mieux joué les marquis dans *Turcaret* et dans *le Retour imprévu.*

Fleury était très-bien placé encore dans les rôles à sentiment; il jouait le drame à merveille. Personne ne contribua plus que lui au succès de *l'École des Pères* de M. Pieyère, dans laquelle il était chargé du rôle de *St.-Fonds* (1).

La réputation de Fleury croissait de jour en jour; le fait suivant l'accrut encore. La Comédie-Française mit en scène, en 1788, *les Deux Pages*, imitation d'une comédie allemande, où figure le grand Frédéric. Fleury n'avait jamais vu ce grand homme: il en saisit néanmoins avec une telle justesse les habitudes sur les indications que lui donna un de ses chambellans; il imita avec une telle exactitude son maintien, son regard et les inflexions de sa voix, que le prince Henri de Prusse, qui assistait à cette représentation, fut dupe de l'illusion, et crut un moment avoir retrouvé le frère qu'il pleurait depuis deux ans.

Je ne m'étonne pas qu'un pareil acteur ait été aussi loin qu'on le dit, et qu'il ait balancé Molé. S'il était moins brillant que celui-ci, du moins était-il plus vrai.

C'est à vous, mon cher neveu, à finir cette histoire d'un talent dont je n'ai guère vu que l'aurore. Serait-il vrai qu'il n'a pas eu de déclin?

(1) Voir la planche en regard.

PRÉVILLE. DUGAZON.

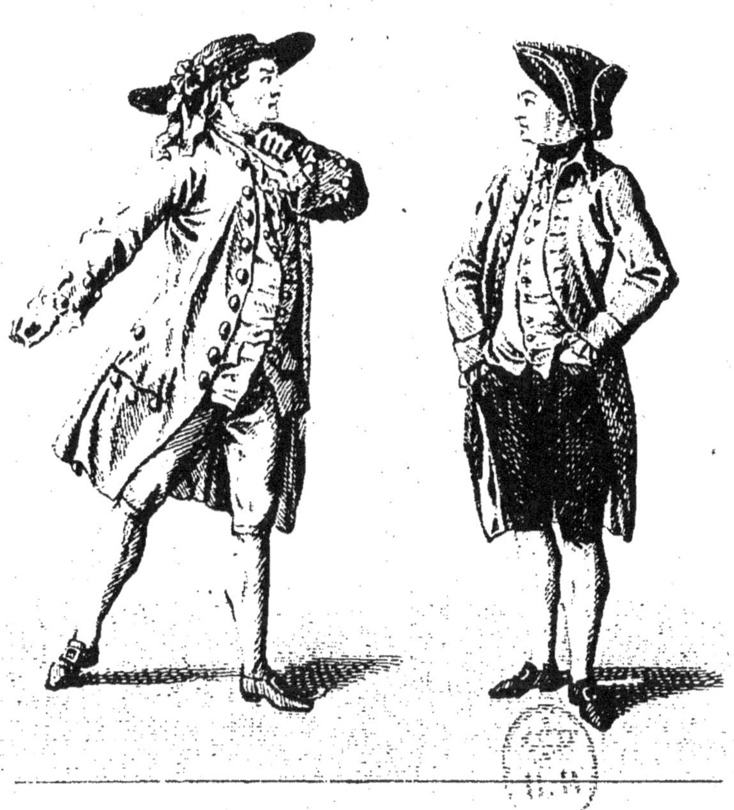

Charlot. Lépine.

C. J'y ai la volonté de vous pommer la gueule.

Le Mari retrouvé. *Scène 10.*

Vingt-cinquième Lettre.

Dugazon (1).

Préville, qui succéda à Poisson, avait substitué l'imitation sage, quoique animée, de la nature, à l'exagération plutôt grotesque que comique qui caractérisait le jeu de son devancier. Il est assez singulier que le vice dont il avait purgé la scène y ait été ramené par son successeur, et que le comédien le plus parfait qui ait paru sur le Théâtre-Français s'y trouve placé entre deux bouffons.

Dugazon recommença Poisson plus souvent qu'il ne continua Préville; ce n'était pourtant pas faute de moyens.

(1) (Jean-Baptiste-Henri Gourgaud, dit) né à La Rochelle en 1748, mort à Versailles en 1809.

Les intentions d'un auteur comique n'échappèrent jamais à sa pénétration; mais il avait le tort de les exagérer; et comme il forçait ainsi la multitude à rire, il n'eut pas le courage de Préville, qui, renonçant à ce genre de succès pour en obtenir de plus honorables, aima mieux être plus estimé et moins applaudi. C'est fâcheux, car il possédait tout ce qui constitue un grand acteur.

Tel qu'il a voulu être, Dugazon mérita souvent les éloges des gens sensés. Il jouait avec une verve entraînante certains rôles où ses défauts étaient des qualités. Il paraissait excellent dans les pièces de Regnard et de Dancourt; mais il satisfaisait moins dans celles des pièces de Molière où Préville se montrait si admirable, parce qu'il y était aussi naturel que ce grand homme, avec le génie duquel le sien était en analogie. C'est à cela, ce me semble, qu'on peut juger de la différence qui se trouvait entre Dugazon et Préville. Il y a entre leurs talens celle qui se trouve entre Regnard et Molière.

C'est dans le bas comique surtout que Dugazon avait le malheur de paraître parfait. Personne n'a mieux joué que lui les farces de Scarron et de Legrand. Il a éclipsé tous ses devanciers dans les rôles de *don Japhet* et du *roi de Cocagne*, où il était même plus extravagant que ces auteurs de Carnaval. Dugazon était le Carnaval personnifié.

Il était fort original, au reste, dans toutes les caricatures, et particulièrement dans les rôles de Gascons, d'Anglais ou d'Allemands, dont il contrefaisait l'accent de la manière la plus plaisante.

Peut-être ne dépendait-il pas de lui de se maîtriser en scène. Facétieux de sa nature, il avait peine, même hors du théâtre, à ne pas voir les objets sous leur aspect le plus ridicule. On racontait de lui quantité d'aventures qui portaient toutes le cachet d'un esprit essentiellement bouffon. Le pauvre Désessarts, dont je vous ai parlé plus haut, était particulièrement l'objet de ses éternelles turlupinades. Citons-en une.

L'éléphant de la ménagerie de Versailles venait de mourir : profitant de ce que la cour était en deuil, Dugazon fait prendre à son monstrueux camarade ce lugubre costume, et le conduit chez le ministre. « Monseigneur, était-il dit dans le placet qu'il présente au nom de sa compagnie à son excellence, la mort de l'éléphant laisse une pension vacante; nous vous prions d'accorder à notre ami Désessarts la survivance du défunt; lui seul peut en remplir la place. »

Ce n'est pas tout : appelé en duel par ce bonhomme dont il avait lassé la patience, Dugazon reconnait lui devoir satisfaction, et se rend sur le champ de bataille ; mais là, il déclare que, pour égaliser la partie entre lui et un adversaire plus gros que lui de moitié, il veut lui faire un avantage : ainsi, dit-il, après avoir tracé avec de la craie une ligne qui partageait en deux la vaste surface que Désessarts lui présentait, tous les coups qui porteront dans cette moitié-là ne compteront pas.

Il était difficile qu'un homme de ce caractère fût un comédien bien réservé.

Son talent a dû obtenir plus de faveur après la retraite de Préville. Il est juste de dire pourtant que du règne de ce grand acteur, Dugazon, quand il savait se contenir, était accueilli favorablement, même par les gens de goût, dans le valet du *Joueur*, dans le poète de *la Fausse Agnès*, dans le Scapin des *Fourberies*, et dans le personnage de Bernadille de *la Femme Juge et Partie*, rôle où, tout à la fois pathétique et bouffon, il faisait tout à la fois rire et pleurer.

Il est représenté ici dans le rôle de *l'Épine* du *Mari retrouvé*, où il paraissait excellent à tous ceux qui n'y avaient pas vu Préville (1).

Dugazon était frère de cette belle madame Vestris, qui mit le Théâtre-Français sens-dessus-dessous. C'est elle qui lui en avait facilité l'accès. Il la suivit quand elle s'en éloigna pour s'attacher au théâtre du Palais-Royal. En cela, il ne fit pas mieux qu'elle.

On m'a dit qu'à une certaine époque de la révolu-

(1) Voir la planche en regard de la page 179.

tion, portant alternativement la casaque de Pasquin et l'uniforme d'aide-de-camp, Dugazon était entré dans l'état-major du brasseur Santerre, et qu'il faisait très-gaîment son service militaire, dans ces temps qui n'étaient rien moins que gais. C'est alors surtout que ses bouffonneries étaient déplacées. Quelque indulgent que je sois, il m'eût été, je l'avoue, pénible d'en rire, mais m'eût-il été possible de le rencontrer sans rire dans cet héroïque équipage ?

Vingt-sixième Lettre.

Dazincour (1).

Dugazon, je crois vous l'avoir dit, mon cher ami, ne recueillit qu'une portion de l'héritage de Préville; l'autre échut à Dazincour. Celle-là se composait de ces rôles qui, pour être moins chargés de sel, n'en sont pas moins comiques, et dont les effets sortent moins d'une folle imagination que d'une mémoire judicieuse et meublée par l'observation de traits surpris à la nature.

Destouches et Marivaux sont les auteurs aux compositions desquels le talent de Dazincour s'appliquait le plus heureusement. Provoquant le rire sans blesser

(1) (Jean-Baptiste Albouis, dit), né à Marseille en 1747, et mort à Paris en 1809.

16..

jamais le bon ton et le bon goût, c'est à la finesse de ses intentions et à la facilité de son jeu qu'il devait ses succès. Il jouait plutôt en valet-de-chambre qu'en laquais.

L'influence de l'éducation entrait autant au moins que celle du caractère dans la différence qui existait entre le jeu de Dazincour et celui de Dugazon. Né, pour ainsi dire, sur le théâtre, élevé dans les coulisses, le second qui était fils d'un comédien, avait contracté, dès son enfance, l'habitude des licences contre lesquelles il était sans cesse obligé de se tenir en garde. Fils d'un négociant, le premier avait contracté des habitudes bien différentes, soit chez les Oratoriens par qui il avait été élevé, soit chez le maréchal de Richelieu, dans la maison duquel il était entré en sortant du collége.

Une passion irrésistible, et qu'avaient développée des succès de société, l'entraînant sur la scène, d'où son éducation devait le détourner, il y porta les habitudes qu'elle lui avait fait prendre.

D'après la réputation qu'il s'était faite à Bruxelles, Dazincour se vit appelé à Paris en 1776, pour y débuter; il fut reçu sociétaire de la Comédie-Française en 1778.

Quoique son talent fût estimé des auteurs et du public depuis six ans, il n'avait pas encore eu l'occasion de créer un rôle important dans un nouvel ouvrage, quand, en 1784, d'après les conseils de Préville, Beaumarchais lui confia le rôle de Figaro dans *la Folle Journée*. Personne n'était plus propre à représenter ce personnage qui, placé entre le salon et l'antichambre, ne doit avoir ni le ton d'un valet, ni celui d'un maître, mais doit unir cependant à la souplesse que commande sa position, l'assurance que lui donne la conscience de sa supériorité d'esprit sur tout ce qui l'entoure. Aussi personne n'a-t-il saisi et rendu avec plus de sagacité ce caractère où Beaumarchais s'est complu à reproduire le sien, et qu'il a fait, comme Dieu fit l'homme, à son image.

Le rôle de Figaro plaça Dazincour, dans l'opinion publique, au rang que lui avait assigné l'espérance de Préville, et il n'en est pas descendu.

Le valet du *Dissipateur*, celui du *Joueur*, le médecin du *Cercle*, sont des rôles qu'il jouait aussi avec un grand talent. Il en montrait beaucoup encore dans les rôles de vieux domestiques, tels que ceux d'Antoine dans *le Philosophe sans le savoir*, et de Picard dans *le Bourru bienfaisant*. Ainsi, quand Préville quitta la scène, il ne fut pas tout-à-fait perdu pour elle; on le retrouvait tantôt dans Dugazon, tantôt dans Dazincour. Ni l'un ni l'autre ne le valaient en son entier; mais, réunies, leurs qualités équivalaient presque à la somme des siennes: elles en étaient la monnaie.

Les personnes qui aiment la cuisine de haut goût, et qui préféraient le dévergondage de Dugazon au jeu sage et décent de Dazincour, disaient de celui-ci: *C'est un bon comédien, plaisanterie à part.* Ce mot, qu'ils attribuaient à Préville, ne serait-il pas de Dugazon?

Vingt-septième Lettre.

Madame Bellecour (1).

Le maréchal de Saxe, d'héroïque mémoire, mon cher neveu, a constamment uni le culte de Vénus à celui de Mars; les plaisirs le délassaient de la guerre, si changer de fatigue c'est se délasser. Une troupe de comédiens le suivait à l'armée, et c'est entre deux représentations d'opéras comiques qu'il remportait ses victoires.

Au nombre des sujets qui composaient cette troupe belliqueuse, mais non belligérante, se trouvait mademoiselle Beaumenard, qui, bien que très-jeune encore, était déjà célèbre sous le nom de *Gogo*, nom d'un rôle qu'elle avait joué de la manière la plus pi-

(1) Née à.... vers 1727; morte à Paris en 1798.

quante dans un opéra de Favart, *le Coq du village*. Accroissant, par le talent dont elle fit preuve dans des rôles d'un genre plus difficile, la réputation qu'elle avait acquise dans celui-là, elle fut engagée, en 1749, à débuter à la Comédie-Française dans les soubrettes, l'un des emplois de mademoiselle Dangeville; car cette incomparable comédienne en occupait plus d'un et les remplissait tous avec un égal succès, à ce que m'a dit mon père.

C'était un grand honneur pour mademoiselle Beaumenard que d'être désignée pour la doubler : elle s'en montra digne, et fut reçue. On eut lieu, d'après cela, de s'étonner de lui voir prendre sa retraite, en 1756, au bout de sept ans de réussite.

Mieux avisée, six ans après, elle reparut sur le théâtre dont elle devait faire trente ans encore l'ornement. C'est alors qu'elle prit le nom de Bellecour, nom de l'illustre acteur qu'elle avait épousé pendant cet intervalle. Bonne dans tout son emploi, madame Bellecour était surtout excellente dans les pièces de Molière. Jamais on n'a mieux joué *Dorine*, *Marinette*, *Toinette*, *Martine* et *Nicole*; jamais on ne les jouera mieux. Elle y apportait cette franchise, cette brusquerie qui caractérisent, même dans leurs sentimens les plus affectueux, ces bonnes gens qui sont moins soumis aux convenances sociales qu'aux impulsions du sens commun : son jeu était moins une imitation qu'une reproduction de la nature.

Sa physionomie ouverte et réjouie, sa taille rondelette, sans être pourtant trop épaisse, avaient, sous la cornette et en simple cotillon, je ne sais quelle grâce qui s'accordait merveilleusement avec le caractère de son costume, qu'elle portait avec une extrême fidélité.

Il faut l'avouer aussi, cet accord était moins parfait, quand, jouant les rôles désignés au théâtre par le nom de *soubrettes habillées*, tels que *Céliante* du *Philosophe marié*, et *la Comtesse* des *Dehors trompeurs* (1), elle changeait l'attirail villageois contre celui d'une femme de qualité. Paysanne encore sous cet habit, elle avait tant soit peu l'air de *Nicole* travestie en dame de cour : mais cela ne s'est-il jamais vu ?

A propos de *Nicole*, c'est dans ce personnage surtout qu'elle était incomparable. Douée, comme son mari, de la faculté d'imiter le rire, ou plutôt de rire à volonté, elle y riait si naturellement et de si bon cœur, que le rire gagnait tout le monde, et ne cessait dans les spectateurs que quand il avait cessé en elle. Monvel avait spéculé sur cette faculté de ma-

(1) On désignait ainsi ces rôles, non qu'ils aient le caractère de soubrette, mais parce qu'ils sont joués par des sujets de cet emploi.

dame Bellecour, quand il lui confia, dans l'*Amant bourru*, le rôle de madame *de Martigue*, cette *insigne rieuse*. Ce choix-là ne fut pas inutile au succès de sa pièce.

Madame Bellecour survécut vingt ans à son mari, et ne se retira du théâtre que plusieurs années après Préville.

Comme celui-ci, pendant la révolution, elle était sortie quelquefois de sa retraite pour concourir à des représentations extraordinaires, ressources de ses anciens camarades dans ces temps difficiles. En 1798 même, peu de temps avant sa mort, accablée de misère, d'infirmités et d'années, elle vint rire encore une fois le rôle de *Nicole*, à ce que m'ont appris les journaux : c'était finir par où elle avait commencé. Cette éternelle rieuse sera morte en riant, si elle n'est pas morte de rire.

Elle figure dans ma collection sous le costume d'une des baragouineuses qui se disputent le cœur de *Pourceaugnac* (1).

(1) Voyez la planche en regard de la page 127.

Mlle FANIER.   PAULIN.

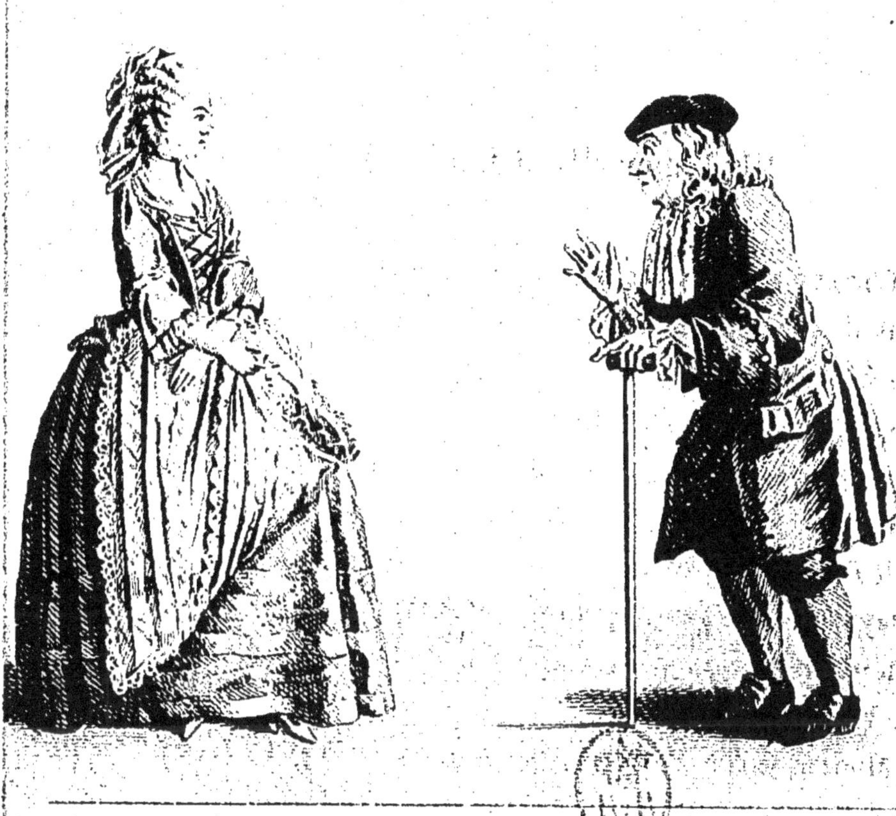

Jacqueline.	Géronte.
Hé monsieu je sais bian que mon mari mérite tous ces noms là.	*Eh! que venez vous faire chez moi Monsieur, s'il vous plaît?*
[illegible] Acte III. Scène 3.	[illegible] Scène 20.

Vingt-huitième Lettre.

Mademoiselle Fannier (1).

C'ÉTAIT une actrice charmante, à des titres différens de ceux de madame Bellecour. Celle-ci n'ayant pas exploité le domaine entier de mademoiselle Dangeville, et jouant moins les soubrettes que les servantes, Mademoiselle Luzi s'était emparée du premier de ces emplois et y avait obtenu de grands succès. Mademoiselle Fannier, sa rivale en beauté comme en talent, s'y essaya aussi et s'y vit applaudir autant qu'elle. L'ancienneté de réception seule établissait de la différence entre leurs droits.

Mademoiselle Fannier, qui débuta en 1764, était d'un an moins ancienne que mademoiselle Luzi. Celle-ci se retira en 1781. L'autre, quoiqu'elle fût d'une santé fort délicate, fournit une plus longue carrière: ce n'est qu'en 1786 qu'elle prit sa retraite, le jour même où Brizard, Préville et madame Préville prenaient la leur. Tous quatre firent leurs adieux au pu-

(1) Alexandrine-Louise, née à.., ; morte à Paris en 1821.

blic dans la *Partie de chasse d'Henri-Quatre.* Quel vide sur la scène française après cette représentation !

Brizard et Préville n'ont pas été remplacés : madame Préville fut effacée par mademoiselle Contat, et mademoiselle Fannier se retrouva moins dans mademoiselle Joly, dont le jeu était si mordant, que dans cette gracieuse demoiselle de Vienne que je n'ai vue qu'un moment, mais qui m'a semblé ne pas avoir de concurrence à redouter dans les grandes soubrettes, dans les soubrettes de Destouches, de Regnard et de Marivaux.

La vivacité, la gaité, la finesse, jointes à beaucoup de décence, caractérisaient le talent de mademoiselle Fannier et s'alliaient à merveille avec sa physionomie, qui était des plus piquantes : aussi tourna-t-elle la tête à bien des gens, et particulièrement à ce pauvre Dorat, qui, jusqu'à son dernier jour, a chanté le *nez retroussé* de cette autre *Roxelane*, auprès de laquelle il joua le rôle de Soliman, puisqu'il finit par l'épouser, dit-on.

Mademoiselle Fannier est représentée ici dans le rôle de *Jacqueline* (1), la nourrice du *Médecin malgré lui*, rôle où elle se mettait moins en villageoise qu'en demoiselle, et qu'elle jouait bien, mais qu'il était possible de jouer mieux.

(1) Voyez la planche en regard de la page 193.

Vingt-neuvième Lettre.

Madame Préville (1).

Admise à débuter, en 1753, pour doubler mademoiselle Gaussin dans la tragédie et dans la comédie, elle n'a pu remplir que la moitié de cette tâche. Quoique, à la longue, elle se soit concilié l'estime du public dans certains rôles du haut comique, tels que la baronne de *Nanine*, madame *Patin* des *Bourgeoises de qualité*, *Araminthe* du *Cercle*, madame *de Clainville* de la *Gageure*, les succès qu'elle y obtint ne la placent ni au niveau de l'actrice à laquelle elle succédait, ni au niveau de l'actrice qui lui succéda, mademoiselle Contat.

(1) Madeleine-Angélique-Michelle Drouin, née à....., morte à Paris en 1798.

Son jeu raisonnable et raisonné s'accordait singulièrement avec la toilette de l'époque. La roideur remplaçait souvent en elle la dignité, et la froideur la retenue; cela passait pour de la noblesse.

Pendant trente ans qu'elle resta au théâtre, madame Préville a laissé néanmoins de bons exemples, soit par la décence qu'elle apportait dans l'exécution de ses rôles, soit par l'exactitude qu'elle mettait à remplir ses devoirs.

Le jour où elle se retira avec son mari, qui jouait *Michaut* dans la *Partie de Chasse*, elle joua dans la même pièce le rôle de *Margot*. De longs applaudissemens furent la récompense de ses longs services. L'éloge le plus juste et le plus flatteur que l'on puisse faire d'elle, c'est qu'elle fut digne du nom qu'elle portait.

Elle est représentée ici dans un rôle du *Mariage fait et rompu*, de Dufresny, un des moins importans de ceux à qui elle doit sa réputation (1): caprice du dessinateur.

(1) Voyez la planche en regard de la page précédente.

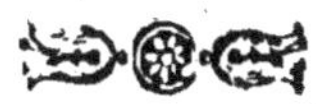

Mlle DROUIN. BONNEVAL.

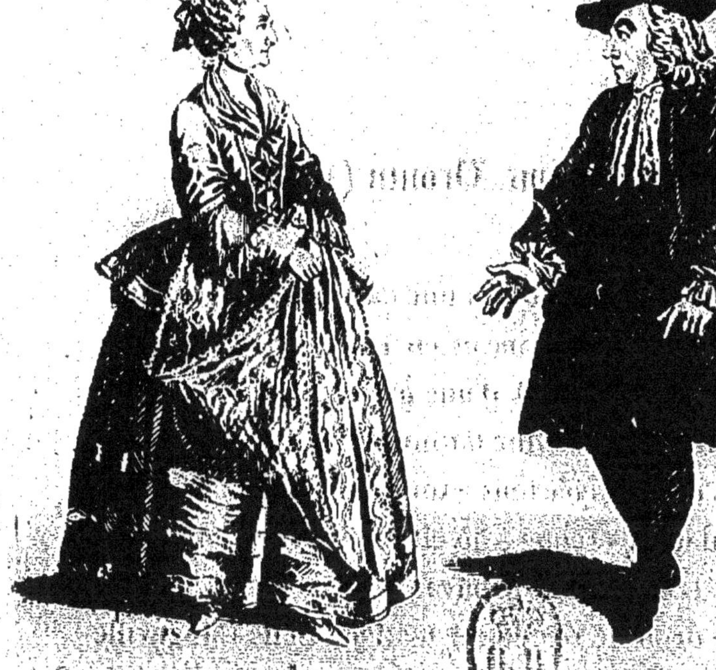

La Meunière. Le Bailli.

La M. *Mais tous ces plaisirs là ce n'est que du vent, et un mari, c'est du solide.*

Le B. *Il est vrai, vous avez raison.*

Trentième Lettre.

Madame Drouin (1).

Peu d'acteurs ont fourni une carrière aussi longue. Entrée au Théâtre-Français en 1742, elle n'en sortit qu'en 1780. Elle y était d'une grande utilité.

Ce n'est qu'après avoir tâtonné long-temps, ce n'est qu'après s'être essayée tour à tour dans les jeunes princesses et dans les reines, où elle était sifflée impitoyablement, le public ne trouvant rien en elle qui lui donnât le droit de remplacer mademoiselle Dangeville ou mademoiselle Dumesnil, que, se réfugiant dans le comique et se résignant à jouer les *caractères*, madame Drouin se saisit de l'emploi auquel elle était essentiellement propre. Accueillie alors aussi favorablement qu'elle l'avait été peu antérieurement, elle ne rencontra plus que des roses dans une route où jusqu'alors elle n'avait rencontré que des épines.

(1) Gauthier, née à...., en...., morte à Paris en 1794.

Elle eut cet avantage en se chargeant, jeune encore, de ces rôles, qu'au lieu de l'appauvrir, l'âge l'enrichissait, et que plus elle vieillissait, mieux elle y paraissait placée.

Douée d'un jugement très-juste et d'un tact très-fin, elle saisissait mieux que personne l'esprit de son emploi, et savait se montrer plaisante dans les caricatures, sans tomber dans le trivial et la bouffonnerie.

Ces qualités, jointes au long usage qu'elle avait du théâtre, la rendaient précieuse à consulter pour les auteurs autant que pour les acteurs; personne mieux qu'elle ne savait analyser un ouvrage de théâtre, ou démêler les beautés qui se trouvaient dans une mauvaise pièce, et les défauts qui se cachaient dans une bonne. Elle redressa souvent les jugemens de sa société, et même réconcilia plus d'une fois les auteurs avec leurs compositions. Elle ne se trompa point sur le mérite réel de la *Métromanie*, qui avait échappé à la sagacité de ses camarades, sous la première forme dans laquelle cette excellente comédie leur avait été présentée; et elle mit, dit-on, entre les mains de Piron le fil à l'aide duquel il se tira du labyrinthe qu'il s'était fabriqué lui-même. Si cela est, la scène française lui a une grande obligation.

Madame Drouin s'exprimait avec élégance et pensait avec justesse. Le sentiment qu'elle avait, sous ce rapport, de sa supériorité, la porta à demander, en 1763, à faire le compliment de clôture, ce à quoi s'opposait Dauberval qui avait la même prétention, et se prévalait de l'usage qui jusqu'alors ne l'avait pas autorisée chez les femmes. « Apprenez, M. Dauberval, » lui dit vertement madame Drouin, que nous ne res» tons pas court, nous autres femmes, et que j'ai en » poche un compliment qui vaut mieux que tous ceux » que vous pourriez faire. » C'était vrai.

Le sénat comique, après avoir comparé le discours que madame Drouin portait dans sa poche, à celui que Dauberval tenait à la main, confirma celui-ci dans le droit de parler, mais lui enjoignit de se servir des paroles de madame Drouin; et Dauberval, en les répétant, eut la douleur de s'entendre plus applaudir qu'il ne l'avait jamais été quand il avait parlé d'inspiration. Ce discours, par lequel il annonçait au public la retraite de mademoiselle Dangeville, contenait l'éloge de cette incomparable actrice : c'est pour cela que madame Drouin avait insisté si fort pour le prononcer.

Madame Drouin est représentée ici dans la *Meunière* des *Trois Cousines*, qu'elle jouait avec un naturel et un aplomb admirables (1).

(1) Voyez la planche en regard de la page 199.

Trente-unième Lettre.

Paulin (1) et Bellemont (2).

PAULIN aussi, mon cher neveu, prouva que l'emploi auquel un homme est porté par son goût, n'est pas toujours celui auquel convient son talent. Son père qui était maçon voulait en faire un maçon; il aima mieux être comédien, et voulut jouer les rôles de héros: c'est en cela surtout qu'il se trompa.

Une figure tant soit peu rébarbative, des sourcils noirs à faire peur, une voix à casser les vitres, ne le rendaient pas absolument propre au noble emploi auquel il aspirait. Cependant il obtint assez de succès

(1) (Louis), né à Paris en...., où il est mort en 1770.

(2) (Jean-Baptiste Colbert de Beaulieu), né à Breteuil en Picardie en 1728, et mort à Paris en 1803.

dans le rôle de *Pharasmane*, par lequel il débuta, pour que Voltaire conçût l'idée de lui confier le rôle de *Polyphonte* dans sa *Mérope* qui était alors à l'étude, et prît soin de le lui siffler. *C'est*, disait ce grand homme, *un tyran que j'élève à la brochette.*

Paulin retint assez bien la leçon, et joua d'une manière satisfaisante le rôle de *Polyphonte*. Mais à cela se bornèrent ses succès tragiques : il était décidément mauvais dans tous les autres rôles de ce genre.

Comme il s'était engagé à jouer les *utilités*, c'est-à-dire, les rôles que tout le monde refuse, et que, déposant le sceptre et la couronne, il se montrait quelquefois soit dans les pères comiques (1), soit dans les paysans, on reconnut, à la vérité avec laquelle il rendait ces caractères, qu'il y était éminemment propre. Comme ces gentilshommes Bretons qui laissent l'épée pour la charrue; il dérogea pour faire fortune, et fit bien; le public ne cessa pas de lui prouver, par la faveur constante avec laquelle il l'accueillit dans cet emploi, qu'il était vraiment né roturier.

Lekain reprochait à Paulin de ne pas mettre dans son costume autant de vérité que dans son jeu, et de se montrer avec les manchettes, le jabot et des cheveux poudrés, en habit de paysan. Paulin, au fait, n'ap-

(1) Voyez la planche en regard avec la page 193.

portait pas un grand scrupule dans les soins qu'il donnait, sous le rapport de l'exactitude, à sa toilette, soit comique, soit tragique. Stimulé par l'exemple de Lekain, il se détermina pourtant un jour à se réformer. Ce grand acteur ayant paru avec un costume tout-à-fait régulier dans je ne sais quelle tragédie: « Le bel habit » grec que vous avez là! lui dit Paulin, il faut que vous » me le prêtiez, je veux en avoir un absolument pareil » pour la première pièce romaine que je jouerai. »

Paulin était entré au Théâtre-Français en 1741; il mourut en 1770. Son manteau royal et son habit de bure passèrent à Bellemont.

Depuis six ans ce dernier remplissait les rôles infimes des deux répertoires. Le parterre, qui le traitait habituellement avec rigueur, lui fut plus défavorable encore quand il lui vit prendre les rôles de paysans, où Paulin semblait ne pas pouvoir être égalé; mais cette humeur changea en bienveillance quand on reconnut qu'il le surpassait.

Au fait, pendant trente-cinq ans que j'ai suivi le théâtre, je n'ai rien vu d'aussi vrai que le talent de Bellemont. Il le portait jusqu'à rendre naturels les rôles de Marivaux. Dès qu'il avait endossé son costume, il ne jouait pas le paysan, il l'était (1). Pour indiquer les

(1) Voyez la planche en regard de la page 203.

rôles où il excella, il faudrait énumérer tous ceux de son emploi. Je me bornerai à citer, *Pierrot* du *Festin de Pierre*, *Guillot* du *Roi de Cocagne*, et *Antonio* du *Mariage de Figaro*.

Si plaisant que fût Bellemont sous l'habit de paysan, il ne l'était pas plus que sous l'habit tragique: il n'a pourtant pas été fort applaudi sous ce dernier costume.

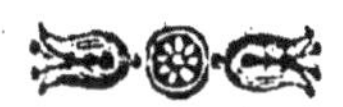

Trente-deuxième Lettre.

Saint-Prix et Saint-Phal.

Je ne me suis engagé, mon cher Neveu, à vous parler que des acteurs dont Foëch nous a transmis la ressemblance. Il en est deux pourtant que je n'oublierai pas, quoiqu'il les ait oubliés. Ils n'étaient pas en première ligne quand je cessai de suivre le théâtre, où les accens de Lekain retentissaient encore comme ces voix que l'écho propage, quoique l'organe qui les a produits se soit tu : mais l'un se fesait déjà remarquer à côté de M. de Larive, avec le talent duquel le sien contrastait; et l'autre à côté de Molé, avec le talent duquel le sien avait quelque analogie.

Je veux parler de Saint-Prix et de Saint-Phal. Ils débutèrent tous les deux en 1782 : l'un dans les premiers rôles tragiques, l'autre dans les jeunes rôles, soit tragiques soit comiques, ou dans les *jeunes premiers*, pour me servir du langage des coulisses.

18

Moins brillant, mais plus sage et plus vrai que son chef d'emploi, Saint-Prix, que la nature a doué d'une stature athlétique, me rappelait les héros d'Homère. La gravité de sa voix s'accordait merveilleusement avec celle de ses formes. Je lui trouvais dans le rôle de *Philoctète*, c'est celui de l'*OEdipe* dont je veux parler, je ne sais quelle fermeté sans rudesse, quelle élévation sans emphase, qui me paraissaient bien mieux caractériser les hommes des temps héroïques, et la véritable grandeur, que la jactance et l'enflure dont l'acteur alors en vogue ne se gardait pas assez. J'aimais à lui retrouver les mêmes qualités dans l'*Oreste* de Voltaire, et dans celui de Crébillon. Il me plaisait beaucoup aussi, au même titre, dans le rôle de *Rhadamiste*.

La simplicité, la profondeur et la noblesse sont les qualités qui dominaient en lui. Il leur doit le succès qu'il a obtenu dans *Mahomet*, que personne n'a mieux joué que lui depuis Lekain. Il n'était pas dénué non plus de chaleur et de sensibilité. Il l'a prouvé lors de la reprise de la tragédie des *Druides* qui lui dut particulièrement son succès, et lors de la reprise de la tragédie de *Manlius* qu'il a fait remettre au répertoire, où elle a rang immédiatement après les pièces de Corneille, les bonnes bien entendu.

Ces qualités ont dû briller aussi dans l'emploi des rois

et des pères qu'il a pris en dernier lieu, à ce que l'on m'a dit : ce devait être un beau *Mithridate*, un noble *Agamemnon*. Mais sur cela je n'ai rien à vous apprendre.

Moins favorisé de la nature que Saint-Prix, mais doué d'un tact assez fin, c'est à d'heureux artifices que Saint-Phal a dû ses premiers succès. Sa déclamation dans la tragédie, son débit dans la comédie prêtaient à de justes critiques; sa méthode n'était pas exempte d'une certaine affectation : cependant il entraînait, il attendrissait le public : et il m'a forcé souvent moi-même à l'applaudir dans les rôles d'*Égisthe*, de *Nérestan*, de *Gaston* et de *Zéangir*. Je ne doute pas qu'instruit par l'expérience et la réflexion, son talent ne se soit perfectionné, et qu'à force d'art il ne soit devenu naturel (1).

Molé, petit à petit, lui a cédé tout son emploi tragique. Mais il ne s'est pas montré aussi complaisant dans la comédie. Il est peu de rôles du *haut comique* auxquels il lui ait permis de toucher. N'était-ce pas un aveu qu'il fesait du talent de son jeune rival? En rôles de cette nature, il ne lui permettait guère de jouer que le *Distrait*, le *Métromane*, le *Somnabule*, et quelques

(1) L'oncle a raison : une singulière bonhomie était la qualité distinctive du talent de Saint-Phal dans la dernière partie de sa carrière.

rôles du théâtre de Destouches, tels que le *Philosophe marié*, et l'*Homme singulier*.

L'aptitude de Saint-Phal pour les deux genres en était une pour le genre qui participe de tous les deux, et que l'on appelle *Drame*. Aussi y était-il supérieur. Dans les rôles de *Saint-Albin* et de *Desronais*, il valait Molé.

En résumé, Saint-Prix et Saint-Phal donnaient de grandes espérances. Vous savez, mon Neveu, s'ils les ont réalisées. Si j'en crois la renommée, ils entreront de droit dans votre petit Panthéon, si, à mon exemple, dans vos vieux jours, vous entourant d'images et de souvenirs, vous demandez au passé des plaisirs que le présent ne peut plus vous offrir. C'est encore jouir. Adieu.

Mme PRÉVILLE. GRANDVAL

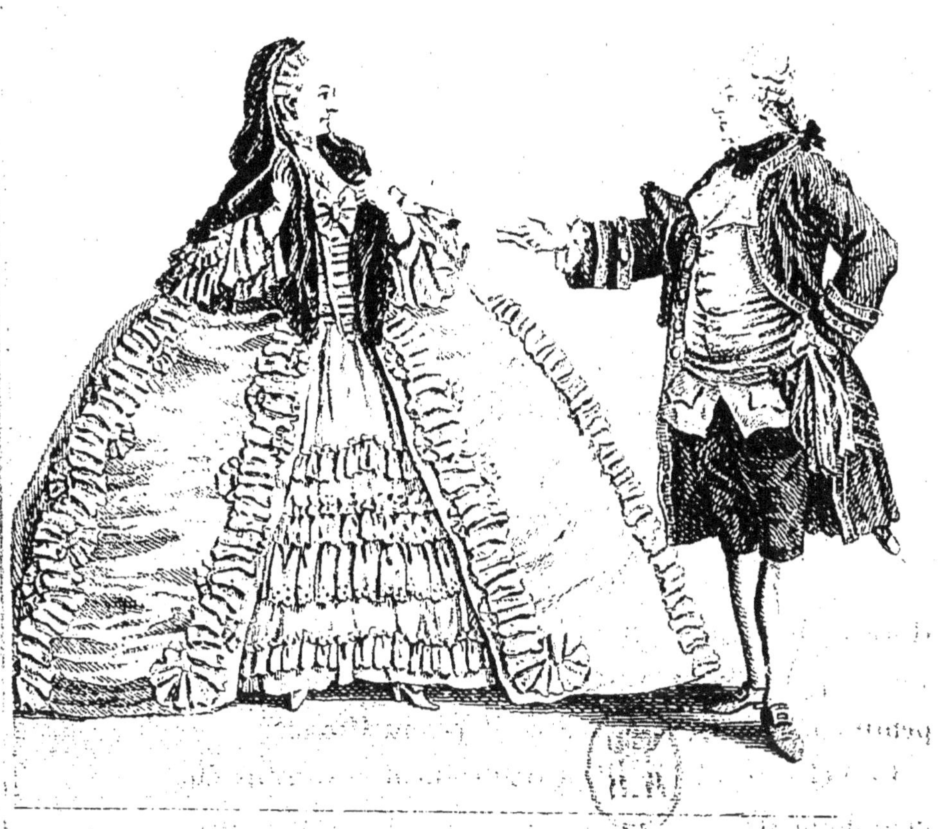

La Présidente. Damis.

La P. Je voudrais bien savoir de vous D. quoi La P. qui je suis

D. qui vous êtes, parbleu ! vous devez vous connaître.

Trente-troisième Lettre.

Grandval (1).

Solve senescentem maturè sanus equum (2), a dit Horace, homme d'esprit et de sens, s'il en fut. Grandval n'a pas suivi ce conseil, et il a eu lieu de s'en repentir; mais peut-être n'avait-il pas lu Horace.

Ce bel acteur, dès l'âge de dix-neuf ans, avait été jugé digne d'être admis à la Comédie-Française après six semaines d'épreuve seulement. Favorisé autant qu'on peut l'être par le public, il était en possession des premiers rôles dans la tragédie et dans la comédie, quand

(1) (Charles-François-Nicolas Racot de), né en 1710 à Paris, où il est mort en 1784.

(2) Si vous êtes sage, hâtez-vous de dételer le cheval qui vieillit.

18..

parut Lekain. Il lui fallut bientôt céder la plus brillante partie de son domaine à ce nouveau venu qu'il dédaignait. Forcé de descendre au second rang dans la tragédie, Grandval conserva toutefois le premier dans la comédie jusqu'en 1762, époque où il jugea convenable de se retirer, quoique sa réputation dans cet emploi se fût soutenue même à côté de Bellecour (1).

En se retirant alors, il avait agi sagement. Il n'en fut pas ainsi quand, cédant aux suggestions d'autrui, ou peut-être à celles de son amour-propre, après deux ans de retraite, il reparut sur la scène.

Le public, qui avait perdu l'habitude de voir Grandval, fut moins sensible, quand il reparut, aux qualités qui lui restaient, qu'à certains défauts qu'il avait toujours eus, mais qui, dans sa jeunesse, lui avaient été comptés pour des grâces : tel qu'un grassèyement que l'âge n'avait pourtant pas augmenté. Ce n'est qu'avec une froideur extrême que, pendant les quatre années qu'il passa encore au théâtre, il était accueilli dans les rôles où, pendant trente ans, il avait excité le plus d'enthousiasme.

Plein de grâce, de chaleur et d'esprit, doué d'une figure à la fois agréable et noble, Grandval était admirable dans le haut-comique. On ne saurait lui être

(1) Voyez la gravure en regard de la page 197.

LE PAUVRE DIABLE.

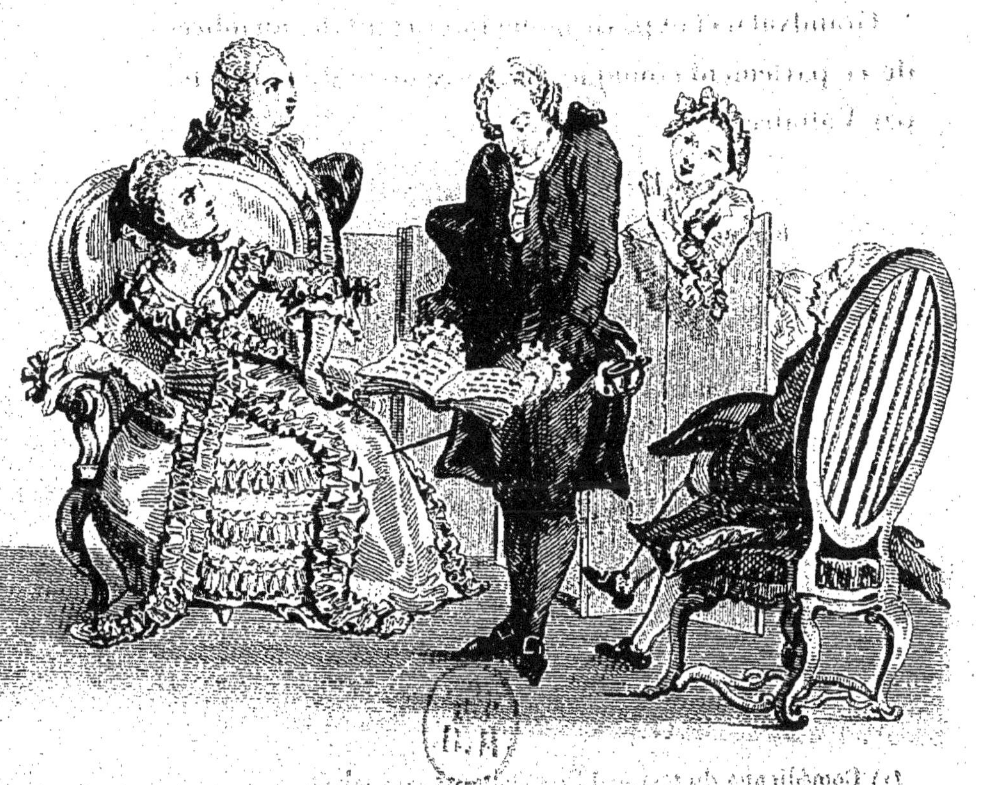

Dieu paternel! quel dédain, quel accueil!
De quelle œillade altière, impérieuse,
La Dumesnil rabattit mon orgueil!
La Dangeville est plaisante et moqueuse;
Elle riait; Grandval me regardait
D'un air de Prince et Sarrazin dormait.

Voltaire.

supérieur dans les rôles du *Misanthrope*, du *Dissipateur* et du *Glorieux*. Personne n'a porté à un aussi haut degré que lui sur la scène les manières du grand monde, manières qu'au reste il ne quittait jamais.

Il était grand dans toutes ses actions : c'est lui qui donna une bourse à cheveux à Bellecour, à qui mademoiselle Clairon avait fait présent d'une culotte.

Grandval n'était pas le moins important des membres de ce parlement comique, si plaisamment caractérisé par Voltaire :

Bureau de vers, où maint auteur pelé
Vend mainte scène à maint acteur sifflé.
J'entre, et je lis d'une voix fausse et grêle
Le triste drame écrit pour la Denesle (1).
Dieu paternel ! quel dédain ! quel accueil !
De quelle œillade altière, impérieuse,
La Dumesnil rabattit mon orgueil !
La Dangeville est plaisante et moqueuse,
Elle riait ; Grandval me regardait
D'un air de prince, et Sarazin dormait (2).

(*Le Pauvre Diable.*)

(1) Comédienne du temps. Elle n'était pas sans talent.

(2) Ces vers ont donné à M. Thomas le sujet du dessin dont on voit la gravure en regard de cette page. Ce peintre célèbre n'a pas dédaigné d'employer son crayon à un petit croquis de dimension lilliputienne.

Je ne doute pas, mon Neveu, que les airs de ces acteurs ne se retrouvent dans ceux qui leur ont succédé ; mais leurs talens! il est moins facile d'imiter leurs talens que leurs ridicules.

Les dignes organes des Molière, des Corneille, des Racine, des Voltaire, convenez-en, n'existent plus que dans ces peintures qui, les rappelant à ma mémoire, me rendent les émotions de ma jeunesse, et au milieu desquelles j'égaye encore ma vie en relisant des chefs-d'œuvre qu'on ne saurait plus égaler (1).

(1) Propos de vieillard : ces grands hommes ont trouvé depuis et trouvent encore de dignes interprètes sur la scène. Le neveu de notre oncle s'est amusé à le lui prouver. Nous savons où se trouve la correspondance de ce judicieux jeune homme : elle est sous le scellé, chez un de ses cousins décédé il y a peu de jours, et entre les mains duquel elle était tombée.

FIN.

Table.

FIN DE LA TABLE.

ERRATA.

Page 10, ligne 17, supprimez : *dans le rôle du joueur*; et plus bas, lignes 19 et 20, supprimez : *dans le procureur arbitre*. Bellecour dans ces deux rôles n'était *pas entre deux vins*.

Indication du placement des gravures.

(1) Il a paru convenable de placer en tête de cet ouvrage sur l'art dramatique les portraits en pied du plus grand poète et du plus grand acteur de l'époque. Ils sont représentés répétant une scène de *Mahomet.* Voltaire saisit le moment où Lekain, qui est venu le visiter à Ferney, descend de voiture. L'un en habit de cour, joue *Zopire*; l'autre, en habit de voyage, *Mahomet.* Ces deux miniatures prouvent le haut degré de ressemblance que notre artiste donnait à ses petites peintures. Si les graveurs qui ont rendu les petits dessins qui sont dans ce volume, n'ont pas toujours reproduit avec une parfaite identité les traits d'un même acteur dans des rôles divers, la faute doit leur en être imputée, et non à notre peintre. Cet artiste dont le nom était Foech, signait aussi Fesch.

www.ingramcontent.com/pod-product-compliance
Lightning Source LLC
LaVergne TN
LVHW010544110826
845149LV00003B/557

* 9 7 8 2 0 1 9 1 9 2 5 1 8 *